向新而行

新福建的非凡十年

中共福建省委讲师团 编

2014—2024

本书编委会

主　　任

张　彦

副 主 任

许守尧　王建南　吕宏波

主　　编

吕宏波

副 主 编

陈　铭　蔡雪雄

编　　委

伍长南　谭　敏　郭　莉　郑元凯
范五三　郑龙腾　陈华安　郑第腾飞
陈海涛　黄　毅

习近平在福建考察时强调

扭住目标不放松　一张蓝图绘到底 在中国式现代化建设中奋勇争先

本报（《人民日报》）厦门10月16日电 中共中央总书记、国家主席、中央军委主席习近平近日在福建考察时强调，福建要深入贯彻党的二十大和二十届三中全会精神，全面贯彻新发展理念，坚持稳中求进工作总基调，扭住建设机制活、产业优、百姓富、生态美的新福建目标不放松，一张蓝图绘到底，继续在加快建设现代化经济体系上取得更大进步，在服务和融入新发展格局上展现更大作为，在探索海峡两岸融合发展新路上迈出更大步伐，在创造高品质生活上实现更大突破，进一步全面深化改革，全方位推动高质量发展，在中国式现代化建设中奋勇争先。

10月15日至16日，习近平在福建省委书记周祖翼和省长赵龙陪同下，先后来到漳州、厦门等地，深入乡村、红色教育基地、文物保护单位、自由贸易试验区等考察调研。

15日下午，习近平首先来到漳州市东山县考察。该县东南部的陈城镇澳角村三面临海，近年来走出一条以海兴村、以海强村的新路子。习近平步行察看澳角湾海域环境和村容村貌，详细了解海鲜干货和渔获产品交易情况。得知不少海产品购销两旺，村民收入不断增加，习近平很高兴。他对纷纷围拢过来的村民和渔民们说，你们村我23年前来过，至今记忆深刻。这次来看到村里发生了很大变化，很是欣慰、很有感慨。新时代新征程农村一定会有更加光明的前景，农民会有更加火热的生活。村级党组织要发挥火车头作用，带领乡亲们做好"海"的文章，在乡村振兴、共同富裕的道路上一往无前。

随后，习近平来到谷文昌纪念馆，了解谷文昌同志感人事迹，听取当地传承红色基因情况介绍，同谷文昌干部学院教师、学员代表亲切交流。习近平指出，衡量干部业绩好不好，关键要看老百姓口碑好不好。各级领导干部要向谷文昌同志学习，树牢正确政绩观，为官一任、造福一方，真抓实干、久久为功，把丰碑立在人民群众心中。学习谷文昌同志，不仅要高山仰止，还要见贤思齐，像他那样做人、为政。

在关帝文化产业园，习近平听取当地加强文化遗产保护、推进两岸文化交流等情况介绍。他强调，文化遗产是老祖宗留下来的宝贵财富，要保护好、传承好。

16日上午，习近平在厦门考察了中国（福建）自由贸易试验区厦门片区。他参观自由贸易试验区建设成果展，听取当地扩大改革开放、探索海峡两岸融合发展新路等情况介绍，同综合服务大厅窗口工作人员互动交流。习近平指出，厦门特区经过40多年发展，发生了当年难以想象的巨大变化。今天，抓改革开放，无论深度还是广度，都比过去要求更高了。福建和厦门要适应形势发展，稳步推进制度型开放，对接国际高标准深耕细作，多出一些制度性、政策性成果，为扩大高水平对外开放再立新功。

16日下午，习近平在厦门听取福建省委和省政府工作汇报，对福建各项工作取得的成绩给予肯定，并对下一步工作提出明确要求。

习近平指出，要在推动科技创新和产业创新深度融合上闯出新路。加快构建支持全面创新体制机制，统筹推进教育科技人才体制机制一体改革，加强高能级科创平台建设，实施科技重大攻关行动，强化企业科技创新主体地位，完善金融支持科技创新的政策和机制，营造更加完善的创新环境、更有吸引力的人才环境。牢牢守住实体经济，巩固传统产业优势，大力推动转型升级，培育壮大战略性新兴产业，前瞻布局未来产业，因地制宜发展新质生产力，塑造产业发展新优势。

习近平强调，要在全面深化改革、扩大高水平开放上奋勇争先。聚焦重点领域和关键环节，突出经济体制改革牵引作用，继续大胆试、大胆闯、自主改。坚持"两个毫不动摇"，创新发展"晋江经验"，充分激发全社会投资创业活力。聚焦人民群众所思所想所盼，优先抓好民生领域各项改革。深入实施自由贸易试验区提升战略，主动对接区域重大战略，深度融入高质量共建"一带一路"，打造21世纪海上丝绸之路核心区，巩固拓展国内国际双循环的重要节点、重要通道功能。建设好两岸融合发展示范区。

习近平指出,要在推动区域协调发展和城乡融合发展上作出示范。健全深化山海协作机制,加强山海统筹、强化功能互补。深化国家生态文明试验区建设,构建从山顶到海洋的保护治理大格局,加强重点领域、重点流域、重点海域综合治理,扩大生态环境容量。强化乡村全面振兴与新型城镇化有机结合,加快城乡融合发展步伐。壮大县域经济,加快老区苏区振兴发展,巩固拓展脱贫攻坚成果。严守耕地红线,树立大农业观、大食物观,打造特色农业产业集群。深化集体林权制度改革,发展森林食品、林下经济,不断挖掘培育"森林粮库、钱库"。推动福州、厦门加快建设全国海洋经济发展示范区,做大做强海洋经济。加强对台风、地震等自然灾害防范,提高防灾减灾救灾能力。

习近平强调,要在提升文化影响力、展示福建新形象上久久为功。传承弘扬红色文化,建好长汀、宁化长征国家文化公园,深化革命史料和革命文物研究阐释。加强文化遗产保护传承,坚持不懈做好以文化人工作,积极推进移风易俗。推进文化和旅游深度融合发展,把文化旅游业培育成为支柱产业。促进两岸文化交流,共同弘扬中华文化,增进台湾同胞的民族认同、文化认同、国家认同。依托宗亲乡亲、祖地文化等纽带广泛凝聚侨心。

习近平指出,要教育党员干部继承优良传统、赓续红色血脉,继续发扬敢为人先、爱拼会赢的开拓创新精神,锐意进取、善作善成。树立和践行造福人民的政绩观,不忘初心、担当作为、廉洁奉公，永葆共产党人的政治本色。深化整治形式主义，切实为基层减负。全面落实"四下基层"制度，走好新时代党的群众路线，提升党建引领基层治理效能。

习近平强调，要认真贯彻落实党中央决策部署，全力抓好第四季度经济工作，努力实现全年经济社会发展目标。

（《人民日报》2024年10月17日第01版）

第三章 殷富知礼民安乐：从「百姓富」感受新福建

一、稳就业促增收，筑牢富裕生活根基 ... 197
二、办好人民满意的教育，培养人才惠民生 ... 198
三、强托育促健康，医疗卫生服务全面升级 ... 210
四、社会保障提档升级，织密幸福生活安全网 ... 219
五、公共服务优化升级，助力美好生活全覆盖 ... 226
六、文明之花开遍八闽，精神生活共同富裕 ... 235

第四章 美在山海画廊间：从「生态美」看见新福建

一、「山林为宝」，使福建的山更青 ... 249
二、「流水为媒」，使福建的水更秀 ... 271
三、「可持续发展」，使福建更清新多彩 ... 275
四、「人与自然和谐」，使福建的生活更美 ... 297

致未来：福者善建，建者有福 ... 319

后记 ... 327

目 录

引　言　闽山闽水物华新 … 001

第一章　为有源头活水来：从『机制活』认识新福建 … 023
　一、山海激荡，非凡十年 … 003
　二、饮水思源，感恩奋进 … 006
　三、活优富美，相生相成 … 012

　一、激活高质量发展引擎 … 024
　二、绘就特色改革画卷 … 054
　三、扩宽改革惠民车道 … 081
　四、锚定党的领导方向 … 097

第二章　百业升级势更优：从『产业优』透视新福建 … 119
　一、着眼『强产业』，提升经济发展总体水平 … 120
　二、确保『一产稳』，守好农业压舱石 … 125
　三、致力『二产优』，工业继续挑大梁 … 141
　四、突出『三产进』，发展现代服务业 … 155
　五、提升创新力，激活未来新引擎 … 166
　六、立足优势地，培育『四大经济』新增长点 … 173

(王惠勇/摄)

引言

闽山闽水物华新

▢ 晋江鸟瞰（刘翼/摄）

  2014年11月，习近平总书记在福建调研时，亲自擘画了"机制活、产业优、百姓富、生态美"新福建宏伟蓝图。

  2021年3月，习近平总书记在福建考察时，提出"在加快建设现代化经济体系上取得更大进步，在服务和融入新发展格局上展现更大作为，在探索海峡两岸融合发展新路上迈出更大步伐，在创造高品质生活上实现更大突破"的"四个更大"重要要求，为新发展阶段新福建建设赋予新使命。

  2024年10月，在新福建建设十周年的新起点上，习近平总书记再次回到福建考察指导，强调要扭住建设机制活、产业优、百姓富、生态美的新福建目标不放松，一张蓝图绘到底。继续在加快建设现代化经济体系上取得更大进步，在服务和融入新发展格局上展现更大作为，在探索海峡两岸融合发展新路上迈出更大步伐，在创造高水平生活上实现更大突破，进一步

全面深化改革，全方位推动高质量发展，在中国式现代化建设中奋勇争先。

十年间，八闽儿女牢记嘱托、感恩奋进，滴水穿石、久久为功，奋力谱写全面建设社会主义现代化国家的福建篇章，新福建建设取得历史性成就。实践探索的点点滴滴，正是风起云涌的时代缩影。恰如习近平同志在福建工作时赋诗所云："挽住云河洗天青，闽山闽水物华新。"

一、山海激荡，非凡十年

十年一挥间，奋斗恒久远。

2024年金秋，当丰收的风拂过八闽大地的每一寸肌理，从沿海到山区，从城市到乡村，处处都展现着生机与活力：经济实力显著增强，社会事业全面进步，生态环境持续优化……

回望这十年,福建人民在党的坚强领导下,以坚定的步伐和不懈的努力,书写了新时代发展的辉煌篇章。每一回在春播中辛勤耕耘,每一回在秋收中积淀喜悦,汇成了一支波澜壮阔、诗意盎然的新时代新福建奋斗交响曲。

这是深化改革、创新发展的十年,福建人民锐意进取,不断探索体制机制的新路径,激发了经济社会发展的新活力;这是产业优化、结构升级的十年,福建人民登上时代列车,触摸发展脉搏,在加快建设现代化经济体系方面取得更大进步;这是民生改善、社会进步的十年,福建人民共享改革发展成果,幸福感、获得感、成就感不断提升;这是山清水秀、和谐共生的十年,福建人民坐拥蓝蓝的天、绿绿的山、清清的水和甜甜的空气,如诗一样的家乡正是他人所羡慕的远方。

机制创新激发内生动力。福建始终坚持把改革创新作为发展的第一动力。如今的福建,改革之路越走越宽,林改、医改等特色改革走向了全国。开放之门越开越大,经济特区、自贸试验区、海丝核心区等多区叠加优势愈发彰显。十年来,全省进出口总额年均增长6.5%。2023年,中央出台支持福建探索海峡两岸融合发展新路,建设两岸融合发展示范区的意见,赋予福建重大历史使命、重大政治责任、重大发展机遇。目前,福建营商环境越来越好,全省一体化政务服务能力位列全国第一梯队,十年来,经营主体数量从140万户增加到761万户,增长了4.4倍。

产业转型升级成效明显。福建始终坚持把加快建构现代产业体系作为重要引擎。如今的福建,围绕供给侧结构性改革主线,积极培育壮大战略性新兴产业,加快发展新质生产力。2024年,全省电子信息、先进装备制造、现代纺织服装等支柱产业规模均超过万亿元，数字经济增加值3.2万亿元，占地区生产总值比重超过50%，位列全国第一梯队。科技创新跑出了"加速度"，十年间，全社会研发投入累计超6300亿元，7家省创新实验室突破核心技术150项，技术合同成交额累计超1633亿元。

人民生活水平显著提高。福建始终坚持把保障改善民生放在更加突出位置。如今的福建，父老乡亲的生活品质明显提高。2024年，城、乡居民人均可支配收入分别实际增长4.8%

漳江口白鹭群（方维/摄）

和6.9%；2023年末，全省常住人口达4183万人，十年间增长了238万人；教育公平得到更好保障，学前入园率达99.2%，义务教育巩固率达99.5%，高中阶段毛入学率达97.2%；医疗卫生服务水平大幅提升，每千人口执业（助理）医师数从2012年的1.8人增加到2024年的3.5人，人均预期寿命预计提高到了79.3岁。人居环境更加适宜。

生态文明建设走在前列。福建始终坚定不移走生态优先、绿色发展之路。如今的福建，空气更清新，全省设区城市空气质量优良天数比例为98.3%，排在全国前列，$PM_{2.5}$浓度仅为每立方米20微克，比全国平均水平低10微克。水质更清澈，主要流域国控断面优良水质比例达100%，近岸海域水质优良比例达92.6%。环境更清洁，主要污染物排放强度为全国平均水平的60%，全省森林覆盖率连续46年居全国首位。绿色低碳循环经济模式初步建立，生态环境保护与经济社会发展实现了良性互动。

二、饮水思源，感恩奋进

2021年3月，习近平总书记来福建考察时曾说："这里的山山水水、一草一木，我深有感情。离开福建以后，我也一直关注福建。在这里工作期间的一些思考和探索，在我后来的工作中仍在思考和深化，有些已经在全国更大范围实践了。"习近平同志在福建工作了17年半，开创性地提出了一系列重要理念，推进了一系列重大实践，为福建发展创造了宝贵的思想财富、精神财富和实践成果。

福州互联网小镇(林双伟/摄)

"机制活、产业优、百姓富、生态美"宏伟蓝图既是习近平总书记对新福建发展的新期许,也与他在闽工作期间的重要理念和重大实践一脉相承。

(一)机制活,激活发展新引擎

习近平同志在福建工作期间,以深邃眼光和坚定决心,积极推动福建改革开放,为福建发展筑牢"机制活"的强大根基:

冲破思想和体制的重重阻力,推动福州国有企业改革;六年七下晋江,在多次调研后总结出"晋江经验",成为县域现代化的典范;倡导建立外经"一栋楼",推进简政放权,呼吁理解、尊重、爱护、支持企业家；亲手抓起、亲自主导开展集体林权制度改革，以餐桌污染治理为抓手，着力打破部门藩篱，统筹推进，建立从田头到餐桌的全程监管体系……

多年来，福建人民接续奋斗，尤其是这十年福建在体制机制改革和激活发展活力等领域取得了显著成效：聚焦便民利企，推动企业信息变更、企业注销、开办餐饮店"一件事"高效办理；推进监管方式转变，动态完善权责清单，推进"松绑"放权，赋予企业更大自主权；提升建设势能，打破行政界限约束，促进要素有序流动，效率大幅提升，各方融通共赢……福建经济社会发展的每一步都能看见体制机制迭代更新的特殊烙印。

今天，福建在"机制活"的道路上砥砺前行，实现经济、政治、社会、文化和生态建设协同发展，全省经济总量连跨3个万亿元台阶，从24055亿元增加到57761亿元，人均地区生产总值从6.4万元增加到13.8万元。新时代新福建建设一步一步迈上了新台阶。

（二）产业优，塑造发展新动能

习近平同志在福建工作期间，以前瞻视角和坚定信念推动产业布局和升级，为福建发展注入了"产业优"的优良基因，这是当今福建高质量发展的产业根基：

"数字福建"建设，引领了信息化与工业化的深度融合，为产业创新发展注入了新动力；各地发挥资源优势，发展具有竞争力的特色产业集群，推动了产业优化升级；大食物观的深入实践，推动特色现代农业转型，构建了多元化食物供给体系；强调科技创新在产业发展中的作用，积极鼓励企业加大研发投入，推动产学研合作，提升产业创新能力……

十年来，福建产业优化升级硕果累累。国家高新技术企业超1.4万家，高新技术产业化效益指数居全国第三位。全球每3块汽车玻璃就有一块来自福建，每5双运动鞋就有一双是"福建制造"，福建新能源汽车动力电池市场份额居全球首位。福建民营经济成为福建经济的特色所在、活力所在、优势所在，呈现"七七七八九"的格局，贡献了全省70.6%的税收收入、近70%的地区生产总值、70%以上的科技创新成果、80%以上的城镇劳动力就业和94%的企业数量。

今天，在山海相依、人文荟萃的八闽大地上，产业升级如浪潮般递次推进，书写着产业发展的新篇章，塑造着经济社会发展的新动能。

位于福州高新区的新质生产力培育中心（林双伟／摄）

（三）百姓富，共享发展新成果

习近平同志在福建工作期间，以深厚情怀和务实举措，带领福建人民摆脱贫困奔小康，为福建发展播撒了"百姓富"的种子，令福建人民感念于心，衔恩赴远：

"弱鸟可望先飞，至贫可能先富"的辩证法，扶贫先扶志、扶志必扶智的理念，激发出福建人民脱贫致富的内生动力；以推动经济特区建设为重要抓手，引进外资，发展高新技术产业，为当地居民提供了更多的就业机会和创业平台，显著提高了生活水平；鼓励民间资本投资创新领域，促进了民营经济的蓬勃发展，为百姓创造了更多的财富。以加强社会保障体系建设为抓手，提升医疗卫生服务水平、促进教育公平、强化养老保障，确保改革发展的成果更多更公平地惠及全体人民；以推动农业现代化为目标，鼓励农民采用新技术、新设备，提高农业生产效率，同时倡导发展特色农业、生态农业，帮助农民增加收入；"连家船民"上岸定居，"安居工程""广厦工程"等住房保障项目，有效解决了低收入家庭的住房困难。

十年来，福建人民生活更加富足，就业、教育、医疗、社会保障等民生事业加快发展。全省新增城镇就业人口589万，居民人均可支配收入从2.3万元增长到4.8万元，翻了一番多，居全国前列；高等教育毛入学率从2012年的36.9%提高到2024年的60%；全省平安建设考评一直居全国各省（区、市）前列，群众安全感率达99%以上；持之以恒抓好食品安全工作，连续24年将治理"餐桌污染"、建设"食品放心工程"列入为民办实事项目，保证人民群众吃得放心。

◤ 龙岩市武平县花卉产业带动农民致富（李国潮／摄）

今天，百姓富增色新福建，从解决温饱到全面小康的跨越、从简陋居所到宜居家园的变迁、从教育医疗资源不足到社会事业蓬勃发展的飞跃，不仅承载着千家万户的幸福梦想，更是福建践行以人民为中心发展理念的生动注脚。

（四）生态美，绘就发展新篇章

习近平同志在福建工作期间，以卓越智慧和坚定信念，倡导和推动福建生态文明建设，倾力为福建打造"生态美"的闪亮名片，激活了福建山水间的生态潜能，使这片绿水青山绽放出更加绚丽夺目的自然魅力与生态活力：

厦门筼筜湖治理、长汀水土流失治理和木兰溪治理等重大生态工程，改善了福建的生态环境，展示了发展理念和方式的转变；生态文明试验区实施方案，推动了福建生态文明建设的实践；生态产品价值实现机制的探索，将生态优势转化为经济优势，实现了绿水青山与金山银山的统一；绿色产业理念的提出，优化了产业结构，推动形成了多元化、高质量的绿色产业体系。

　　十年来，福建始终走在生态文明建设的前列。厦门筼筜湖治理、福州内河治理、莆田木兰溪治理、长汀水土流失治理等重大实践在全国树起了标杆。同时，全省现有A级旅游景区502家，其中AAAAA级旅游景区12家13处，是全国第二个实现"市市有AAAAA"的省份；拥有世界遗产5处，国家全域旅游示范区7个，国家级旅游休闲街区7个，国家级旅游度假区1个。依托丰富的自然景观、深厚的文化底蕴，立足山海"两条线"特点，福建文旅热度正在稳步提升，泉州"簪花围"、平潭"蓝眼泪"等多个文旅IP先后火爆出圈，成为全国文旅热中不容忽视的"福建版块"。

　　今天，八闽大地，如诗如画，从闽江之畔到武夷山脉，从沿海湿地到内陆森林，一幅幅美丽的生态画卷正在徐徐展开。绿水青山不仅为子孙后代留下了宝贵的自然遗产，还成为推动经济社会永续发展的强劲动力。

三、活优富美，相生相成

　　"机制活、产业优、百姓富、生态美"这一宏伟目标蕴含着独特的理论特质和实践品格，体现出中国特色社会主义时代精神的丰富内涵和总体性特征，展现了福建在中国式现代化进程中的崭新形象与广阔前景。

厦门港远海码头中澳线首航（薛居峥/摄）

（一）"机制活"即发展动力强

"机制活"的关键在"活"，即机制要具有创新性、适应性和灵活性，使机制因时而变、因势而动、因地制宜，释放出来的动力犹如活水，为经济社会发展注入不竭动力。"机制活"体现为对制度创新的持续追求，通过灵活高效的政策调整，有效应对市场变化，激发市场主体的积极性和创造力。在福建的具体探索实践中，"一个平台、一个界面、一点接入、一次申报"——中国（福建）国际贸易单一窗口，如今已经升级至4.0版本，货物进出口时间从4个小时缩短至5~10分钟，船舶进出境时间从36个小时减少至2.5个小时，每年为企业节省开支超过300亿元。这一串串数字背后，无疑是"机制活"抓机遇的生动体现，让无数企业和个人实实在在提升获得感。

"机制活"的理论特质，在于其鲜明的时代性、实践性、创新性及系统性。它紧密贴合时代发展的脉搏，勇于探索新经济、新业态下的制度变革，展现出强大的生命力和适应性。从开办企业到工程建设项目审批，从电力供应到不动产登记，福建勇于自我革新，持续优化营商环境。如今，全省依申请审批服务事项网上可办率超过97%，"一趟不用跑"占比超过65%。这些数字的背后，是人民政府为人民的深情厚意和坚定决心，同时敢于突破传统束缚，勇于尝试新方法、新路径，为经济社会发展不断开辟新天地。"机制活"还体现为注重整体谋划和协同推进，通过构建科学合理的制度体系，确保各项改革举措相互衔接、高效协同，形成推动经济社会发展的强大合力。

在新时代新征程上，福建人民一如既往继续深化对"机制活"的伟大实践，推动经济社会持续健康发展。

（二）"产业优"即发展质量高

"产业优"的核心要义在于"优"，体现在产业结构高级化、产业质量卓越化、产业效益最大化以及创新驱动发展战略的深入实施等多个方面，强调产业发展需秉持高质量发展的原则，通过结构调整和优化升级，加快发展新兴产业，实现经济质量的全面提升。在实践中，福建加快构建现代化产业体系，

▷ 漳浦县竹屿盐场（林杜鸿/摄）

拥有全国41个工业行业大类中的38个，制造业增加值占地区生产总值的比重居全国第四位，并向高端化攀升，电子信息、先进装备制造、现代纺织服装等支柱产业的规模超万亿元，宁德时代、福耀玻璃、安踏体育等领军企业享誉全球；"智改数转"让传统产业插上了"数字的翅膀"，全省关键业务环节全面数字化企业占比居全国第三位；向绿色化转型，动力电池、新型储能、海上风电等新能源产业发展壮大，全省清洁能源的装机比重已经超65%。

"产业优"的理论特质，在于其鲜明的前瞻性、创新性、协同性及可持续性。它紧跟全球产业变革趋势，以前瞻性的战略眼光，布局未来产业，抢占发展先机。福建坚持创新驱动发展战略，通过技术创新、模式创新和管理创新，不断提升产业核心竞争力。不同产业之间协同发展，融合并进，出现资源共享、优势互补的良好格局。在经济效益稳步提升的同时，注重生态环境的保护与社会责任的担当，从而推动产业绿色化、低碳化发展，实现经济效益与生态效益的统一。

在新时代新征程，福建正以更加优化的产业结构、更加卓越的产业质量、更加良好的产业效益，为构建新发展格局、推动高质量发展注入强劲动力。

（三）"百姓富"即发展愿景好

"百姓富"的首要之义在于"富"，即以物质文明和精神文明建设的丰硕成果，满足人民日益增长的美好生活需要，表现为民生福祉的全面提升与共同富裕的稳步推进，强调发展最终是为了人民，要让广大人民群众共享改革发展成果，不断增强获得感、幸福感和安全感。在具体实践中体现为教育、医疗、养老、住房等民生领域的持续改善，通过精准施策，确保各项惠民政策落地见效，切实提升人民群众的生活质量和幸福指数。

"百姓富"的理论特质，在于其鲜明的人民性、公平性、持续性及共享性。这一理念始终坚持以人民为中心的发展思想，聚焦人民群众最关心最直接最现实的利益问题，致力于解决发展不平衡不充分的问题。从沙县小吃的富民之路，到全省精准扶贫的精准施策，再到一系列民生实事的落地生根，福建用十年的奋斗，书写了"百姓富"的辉煌篇章。这背后，是福建对"人民至上"理念的深刻理解和坚定践行，是福建人民对美好生活的不懈追求和共同努力。

"百姓富"还强调发展的持续性和共享性。一方面，通过推动经济高质量发展，为民生改善提供坚实的物质基础；另一方面，通过构建公平公正的社会分配制度，确保每个人都能享受到经济社会发展的红利。无论是推动就业优先战略，还是实施全民参保计划，无论是加大公共卫生体系建设，还是推进住房制度改革，都是为了让每一个人都能在共建共享发展中有更多获得感。

"百姓富"为福建勾勒出了一幅人民生活更加幸福、社会更加和谐稳定的美好画面。新时代新征程，福建应以更加扎实有效的措施，推动民生福祉持续提升，为实现中华民族伟大复兴的中国梦奠定坚实的民心根基。

（四）"生态美"即发展底色亮

"生态美"的核心追求在于"美"，表现为人与自然和谐共生，通过实施生态文明建设，构建山水林田湖草沙生命共同体，让福建的山更青、水更绿、空气更清新，强调在推动经济社会发展的同时，必须注重生态环境的保护与修复，确保自然资源的可持续利用。在具体实践中，福建以"清新福建"为品牌，全面推进生态环境保护与治理。从武夷山的青山绿水到厦门的碧海蓝天，从闽江的平静流水到木兰溪的安澜清波，每一处都彰显着"生态美"的独特魅力。这几年，福建在积极推动绿色低碳发展、大力发展循环经济、减少污染物排放和提高资源利用效率领域成效显著。同时，加强生态修复与保护，实施退耕还林、水土保持等重点生态工程，为子孙后代留下宝贵的绿色财富。

邵武观光小火车（丁文新/摄）

"生态美"的理论特质，在于其鲜明的和谐性、可持续性、人文性及示范性。这一理念强调人与自然和谐共生，确保经济社会的可持续发展，还蕴含着深厚的人文关怀，关注人民群众的生态福祉，无论是生态文明建设体制机制的创新，还是绿色低碳发展模式的推广，福建都走在全国前列，成为生态文明建设"优等生"。

"生态美"为福建描绘了生态高颜值与发展高素质齐头并进的美好场景。新时代新征程，福建应以更加坚定的决心和有力的举措，为全国乃至全球的生态文明建设贡献福建智慧和福建力量。

（五）"活"为保障，"优"为基础，"富"为目标，"美"为追求，共筑"活优富美"新篇章

机制转换"活"，发展动力"足"，意味着建立一个灵活、高效、创新的体制机制，能有效激发市场活力和社会创造力，为企业发展、民众富裕和生态保护提供持续的动力和保障。

优质产业发展能够带动经济增长，提高就业质量，增加民众收入，也是实现生态环境可持续发展的重要支撑。通过优化产业结构，提升产业竞争力，可以进一步促进机制更加灵活，民众更加富裕，生态环境更加美好。

社会发展的最终目的是提高民众的生活水平和幸福感，百姓富裕程度是衡量一个社会是否真正进步的重要标准。只有当民众普遍富裕时，才能更好地享受产业发展的成果，更好地保护和改善生态环境。

龙岩永定城区的万家灯火（张炜/摄）

优美的生态环境是人类赖以生存和发展的基础。只有保持生态环境的美丽与和谐，才能实现真正的可持续发展。这要求我们在发展过程中坚持绿色发展理念，确保经济发展与环境保护相协调。

机制活、产业优、百姓富、生态美是相互依存、相互促进的整体，它们共同构成了福建全方位推进高质量发展的核心要素。十年间，福建人民沿着习近平总书记亲自擘画的方向，踔厉奋发、勇毅前行，在活、优、富、美四大领域都交出了精彩的答卷，将新福建家园建设得如画如诗。

第一章

为有源头活水来：
从"机制活"认识新福建

习近平同志曾在福建工作17年半，在改革、开放、发展、党的建设等领域，开创了一系列重要理念和重大实践，开启了体制机制的一系列变革和创新。这些思想财富、精神财富和实践成果，蕴含着改革的战略魄力和远见卓识、创新的进取意识和实干精神，对福建的发展弥足珍贵。习近平总书记始终关心福建的高质量发展，2014年11月到福建考察时，亲自擘画"机制活、产业优、百姓富、生态美"的新福建宏伟蓝图，将"机制活"作为首位要求。体制顺、机制活，则人才聚、事业兴。福建牢记嘱托，踔厉奋发，扭住建设新福建目标，进一步全面深化改革，扎实开展"再学习、再调研、再落实"活动，接续实施"提高效率、提升效能、提增效益"行动和"深学争优、敢为争先、实干争效"行动，统筹推进各领域的体制机制健全和革新。改革之路越走越宽，呈现全面发力、多点突破、亮点纷呈的可喜局面。

一、激活高质量发展引擎

新福建的非凡十年也是经济从高速增长转向高质量发展的十年。高质量发展就是能够很好满足人民日益增长的美好生活需要的发展，是经济发展从"有没有"转向"好不好"。这就要求以新发展理念引领改革，进一步解放和发展社会生产力、增强社会活力，推动生产关系和生产力、上层建筑和经济基础更好相适应。十年来，福建始终坚持发挥改革的突破和先导作用，着力解决深层次体制机制障碍和结构性矛盾，将社会主义市场经济体制改革推深做实，推动经济实现质的有效提升和量的合理增长。

（一）统筹推进教育科技人才体制机制一体改革

教育、科技、人才是中国式现代化的基础性、战略性支撑。科技是第一生产力、人才是第一资源、创新是第一动力，统筹推进教育科技人才体制机制一体改革，是进一步全面深化改革、推进新福建高质量发展的重大举措。

近年来，福建深化科技体制机制改革，完成省级科技管理机构改革工作，突出"大科技"站位，围绕"抓战略、抓规划、抓改革、抓服务"要求，加强全省科技创新顶层设计和制

福建自贸试验区福州片区物联网创新发展中心（福州自贸片区管委会／供）

位于莆田的大唐5G产业东南总部基地（莆田市委宣传部/供）

度安排。推进省创新研究院体制调整，深化与高校和科研机构的合作，通过共建联合实验室、技术转移中心等方式，促进各方资源的有效整合与利用，推动更多科研成果从实验室走向市场，并通过搭建产业技术创新公共服务平台等各类科技创新平台，为科研成果的产业化提供全方位的支持。同时，完善科技创新政策体系，聚焦新型工业化和新质生产力等重大任务需求，实施创新驱动发展战略，相继推出《福建省人民政府关于加快推进科技创新发展的通知》《福建省工业（产业）园区标准化建设"科技创新专项行动"实施方案》等20多项科技政策，加快建设高水平国家创新型省份。

2016年6月，国务院批复同意福厦泉国家高新区建设国家自主创新示范区，成为全国科技创新大会之后的新一个创新示范区，纳入国家全面创新改革布局。福建发挥福厦泉国家自创区集聚效应，以福厦泉三个科学城为中心，建立省市联合支持高新区发展机制，推动协同创新、错位发展，建设各具特色的创新示范样板，打造海峡科技创新高地。

创新平台是集聚科技创新要素、驱动产业变革的有效载体。自2019年起，福建聚焦国家重大需求、重点领域，以体制机制优势汇聚人才和要素资源，开辟体制改革创新试验田。如今，福厦泉国家自主创新示范区与省内高新区已共建84个协同创新平台，建设了8家省创新实验室。

位于福州高新区的闽都创新实验室，聚焦光电信息科技与产业发展重大战略需求，建立体系化科研组织模式，引进、培育和集聚一批高素质创新创业人才，攻克产业关键核心技术和"卡脖子"技术，促进科技创新和产业创新融合发展。不到5年，该实验室落地转化创新成果62项，带动企业新增产值超200亿元。位于厦门大学翔安校区的嘉庚创新实验室，面向国家能源战略需求和安全，前瞻性布局实施储能、氢能和硅能等9个项目群80余项科技与产业化项目，已在氢能、半导体与未

嘉庚创新实验室（厦门市翔安区委宣传部/供）

来显示等领域攻克关键技术难题20余项，与宁德时代等上百家行业翘楚密切合作，并参与孵化鹭岛氢能等23家企业。位于泉州市泉港区的清源创新实验室，面向化工产业战略需求，探索新型"大科研"机制，开展全链条的联合攻关和协同创新，吸引了多个国家级人才科研团队入驻，现已获批国家级科技项目5项，共建高能级科研平台28家，10余项创新成果应用于省内外企业。

目前，福建通过省创新实验室引育了1700多名高水平科技人才，突破了150多项关键技术。同时，福建省引进东方电气（福建）创新研究院、香港理工大学晋江技术创新研究院等一批高水平科创平台，建设了近千个省级以上各类科技创新平台，构筑起体系化的科技创新服务矩阵。

强化企业科技创新主体地位，构建全过程创新产业链，是支撑福建提升科技自立自强能力的关键。福建着力"抓大"，这几年培育了一批科技领军企业，实施高新技术企业"增量提效"行动，推动民营企业在核心技术攻关中当先锋、挑大梁。"抓大"同时不忘"扶小"，培育了一批专精特新中小企业，"小而美"和单项冠军企业纷纷涌现。在福厦泉国家自主创新示范区的带动和辐射下，全省高新技术企业突破1.4万家，国家级专精特新"小巨人"企业349家、国家制造业单项冠军企业55家，全社会研发经费投入突破1000亿元。

产业界出题，科技界答题。全省现已实施"揭榜挂帅"等各类省级科技计划项目2万多项，攻克了新型量子点显示等一批关键核心技术，新技术成果不断涌现。体制机制创新，让科技创新主体活力倍增：2023年度省自然科学基金立项数、资助经费均创历史新高；全省技术合同交易额突破300亿元大关。福州大学、厦门大学2项科研成果入选2023年度中国科学十大进展。

人才是强省之本、竞争之基、转型之要。在加强科技体制机制改革的同时，福建着力深化人才发展体制机制改革，实施更加积极、更加开放、更加有效的人才政策体系，推进福州、厦门建设高水平人才集聚平台，探索柔性引才、异地用才机制，把制度优势转化为人才优势和科技竞争优势。

在福州，持续打响"好年华　聚福州"人才工作品牌，全方位培养引进用好人才，连续两年获评"中国最佳引才城市"。突出以赛聚才、以才促产，举办"榕创汇"竞赛活动，对竞赛中表现优秀或有潜力的人才团队落地福州，免费提供扶持3年创业孵化器租金，进一步激发人才创新活力。高能级平台建设加快推进，"团队引进＋项目落地""科学家＋工程师"等工作机制纷纷落地，成功吸引13个高水平研发团队入驻。在厦门，作为"9·8"投洽会配套的人才投资品牌活动，留学人才暨高层次人才精品项目路演对接洽谈会已举办了15

2024留学人才暨高层次人才精品项目路演对接洽谈会（林铭鸿／摄）

届。洽谈会每年都吸引了大批投资机构和高层次人才的关注，成为"人才+项目+资本"的高质量对接平台，至今推介了135个优秀留学人才项目成功对接，一批优秀留学人才和企业通过参加对接会融到"第一桶金"，走上快速发展的道路。厦门"i海归"创业发展协同行动，通过政企银合作，举办育才、聚才、爱才活动，使海归人才有了更多施展才华的平台……通过念好知、举、用、待、育"人才经"，福建创新生力军逐渐发展壮大。

人才规模不断壮大。福建百千万人才工程、"青年拔尖人才"遴选工作、"智惠八闽"计划等重点人才项目深入实施，成功打造了"人才创业周""福建人才周""海归英才八闽行""榕博汇"等特色引才品牌，吸引了一大批优秀人才汇聚八闽。自2016年以来，省级人才政策已惠及民营企业员工近1.5万名。2023年，福建省颁行《福建省高层次人才认定和支持办法（试行）》，共认定和支持省级高层次人才11920名，进一步强化了高层次人才的培养和引进工作。

"常言锦衣夜行，然匠心何须再修饰，工巧自然绽光芒；都说匠人如茶，但英雄何必论出处，劳动本来带芳香。"2022年5月，年度"八闽工匠"发布仪式上的一段致敬词，引发了现场观众的共鸣。高技能人才队伍越来越庞大，是建设新福建的重要底气。福建积极实施"技能福建"行动，推动技能人才培养、使用、评价、激励等制度不断健全完善，技工教育和职业技能培训得到大力发展。截至2023年底，全省专业技术人才总数达到311万人，高技能人才数量达246.39万人，占技能人才总量的33.2%，为福建经济社会高质量发展注入了源源不断的动力。2023年，福建省首创选认行业领域科

省级"最美科技特派员"原瑞芬（右二）为农户传授火龙果栽培技术（莆田市委宣传部 / 供）

技特派员，选认省级个人科技特派员2217名、团队科技特派员794个，福建省主导制定的科技特派员国家标准正式发布实施。同时，全省新增国家级技能大师工作室5个、全国技术能手38人、省级技能大师工作室60个、省技术能手157人，常态化开展"八闽工匠"评选，进一步激发了人才的创新活力。

福建省在人才服务与技能提升方面的成果，为高质量发展提供了坚实的智力保障，推动全省经济社会的创新与发展迈向更高水平。

经济靠科技，科技靠人才，人才靠教育。教育发达——科技进步——经济振兴是一个相辅相成、循序递进的统一过程，其基础在于教育。近年来，福建省始终把教育摆在优先发展战略地位，抓好教育综合改革、职业教育改革、"双一流"和一流应用型高校建设。教育支撑作用日益凸显。

三明、龙岩先后成为全国基础教育综合改革实验区，两地分别推进总校制改革，累计组建总分校352所和370所，推动优质教育资源区域扩容。三明推进"县管校聘"改革，校长、教师轮岗交流形成制度化；龙岩建立"教师编制周转池"制度，让急需紧缺的学科教师在不同学校间自由流动，有效满足了各校的教学需求。三明还着力完善科教协同育人机制，出台《三明市中小学推进新时代科学教育行动工作方案》，明确实施科学教育环境提升、科学课堂教学改革、科学实践活动拓展等八项计划。三明、龙岩的成功实践，带动了全省教育综合改革红红火火地开展起来。

现代职业教育卓有成效，并呈现体系化。深化产教融合十五条措施和职业教育服务经济社会发展十条措施等重要文件，有力地推进了职普融通、产教融合、科教融汇，厦门成为部、省共建职业教育创新发展高地试点城市，泉州入选首批国家产教融合试点城市，晋江入选第一批国家级市域产教联合体。实施省级高水平职业院校和专业建设计划，立项建设高水平高职院校12所、专业群34个，高水平中职学校36所、专业群108个，5所高职院校入选国家"双高计划"，26所中职学校成为国家中等职业教育改革发展示范校，实现每个县（市）至少1所中职学校，每个主导产业至少有1所行业性职业院校与其对接。

这几年高水平院校建设亮点频频，福建实施"双一流"和一流应用型高校建设工程，制定实施《加快推进福州地区大学

厦门大学鸟瞰（马志远／摄）

城高质量发展三年行动计划（2021—2023年）》，立项建设省"双一流"高校10所、示范性应用型本科高校10所，厦门大学、福州大学2所学校及其7个学科入选国家"双一流"建设名单，完成6所省属普通本科高校管理体制改革，构建形成高水平大学与应用型大学协调发展格局。建立健全学科专业动态调整机制，大力发展新工科、新医科、新农科、新文科，建设11个高校学科联盟，全省理工农医类硕士博士学位点占比54.2%，79个学科进入ESI全球前1%，7个学科进入ESI全球前1‰。实施高等教育服务四大经济高质量发展行动，实施科技创新项目，高校建有省级科技创新平台309个，承担国家自然科学基金项目数占全省总数85%以上，获省科技一等奖数占全省总数50%以上。2023年，全省高校主持或参与完成的7项成果获国家最高科学技术奖，创历史新高。

（二）创新发展"晋江经验"，赋能民企发展

民营经济在稳定增长、促进创新、增加就业、改善民生等方面贡献巨大，是推动福建发展不可或缺的力量，也是构建新发展格局、实现高质量发展的重要支撑。

习近平总书记高度重视民营经济发展，在福建工作期间曾七下晋江，总结提炼了以"六个始终坚持"和"正确处理好五大关系"为主要内涵的"晋江经验"，成为指引福建民营经济发展的宝贵财富和根本遵循。

多年来，福建以习近平总书记关于民营经济发展重要论述为科学指引，大力传承弘扬和创新发展"晋江经验"，完善落实"两个毫不动摇"的体制机制，先后出台加快民营企业发展25条、支持民营企业加快改革发展与转型升级27条、推动民营企业创新发展19条等一系列支持民营企业发展的政策措施；建立领导干部挂钩联系重点民营企业机制，调整设立民营经济专门工作机构，初步构建民营企业问题诉求"收集—转办—跟踪—反馈"工作闭环。2023年，福建省委作出实施新时代民营经济强省战略的重大部署，省直各部门陆续推出一揽子配套政策举措，全省九市一区均制定出台实施强省战略的政策文件，上下协同打好"组合拳"，构建"1+N"政策体系。2024年，省委省政府出台了《关于进一步促进企业家健康成长支持企业家干事创业的若干措施》，多层次支持民营企业发展壮大、转型升级，营造近悦远来的一流营商环境。

"晋江经验"的"六个始终坚持"和"正确处理好五大关系"：始终坚持以发展社会生产力为改革和发展的根本方向，始终坚持以市场为导向发展经济，始终坚持在顽强拼搏中取胜，始终坚持以诚信促进市场经济的健康发展，始终坚持立足本地优势和选择符合自身条件的最佳方式加快经济发展，始终坚持加强政府对市场经济发展的引导和服务；处理好有形通道和无形通道的关系，处理好发展中小企业和大企业之间的关系，处理好发展高新技术产业和传统产业的关系，处理好工业化和城市化的关系，处理好发展市场经济与建设新型服务型政府之间的关系。

2019年3月，习近平总书记参加十三届全国人大二次会议福建代表团审议时指出："福建省如果有若干个晋江，福建就不一样了。应该说，'晋江经验'现在仍然有指导意义。"图为晋江市晋江经验馆门口的宣传语（刘翼/摄）

作为"晋江经验"发源地的晋江市，始终坚守创新，从资源集成整合、体制集成创新、服务集成优化等方面着手，细化实施15个改革专项，集成推进78个改革项目，助力民营经济高质量发展。

晋江市积极构建全方位科创体系，破解创新能力短板。在全省县域率先成立市委科创委员会，把科技发展、数智转型、人才人力、科创金融等领域工作一体纳入议事协调，围绕高层次人才队伍、高科技创新成果转化、高新技术产业孵化，全面推动政策、资金等要素资源集聚。同时，布局"一廊两区多平台"科创版图，强化政企学研联动，常态化对接企业需求，推动要素资源与品牌优势、市场优势充分嫁接，以市场化方式推动成果落地转化，基本构建支撑全市、辐射周边的强大"科创"引擎。针对规模以上企业实施"三个覆盖"和高企倍增"两大工程"，重点完善科技创新税收激励政策体系，用好用足研发费用加计扣除等政策工具，对成长型的专精特新企业以审慎包容态度引导规范，实质性减轻税负，全力支持企业加大研发投入。持续放大科技综合效应，支持企业持续发力新材料、新工艺、新装备、新应用场景，加快发展新一代信息技术、智能装备和医疗健康产业等高新产业，深入实施数智转型战略。

"晋江经验"的秘诀之一是晋江长期聚焦创业领军型人才和就业创新型人才，不拘一格，把资源资金资本重点投向高端人才引进、产学研配套对接、人才创业融资等领域，从单纯补助转向"以投代补、投补结合"模式，通过产业母基金、国企等，撬动龙头企业、公共平台、中介机构、产投基金、领军人才协同配合，以市场化机制来集聚一批创新人才团队。通过实施科创人才聚集、硕博人才倍增、技能人才振兴行动，在全省率先将科技特派员制度跨领域引入工业和服务业，实现对第一、二、三产业全覆盖。

在高位部署推进民营经济工作的同时，福建坚持产业强企、转型活企，大力实施产业基础再造、龙头企业培优扶强工程，积极打造链主企业、百亿龙头、千亿集群，实现"以大带小、以小促大"抱团发展；实施数字经济领跑行动，建设一批智能制造优秀场景和示范工厂，培育一批面向中小企业数字化服务商，帮助民营企业数字化、智能化、绿色化转型。2023年，全省规模以上民营工业增加值同比增长3.5%，高于全省规模以上工业增加值增速0.2个百分点；制造业民间投资增长8.1%，高于全省固定资产投资增速5.6个百分点；新增18个省级和6个国家中小企业特色产业集群，数字经济核心产业创新企业达350家。

晋江市首届专利技术转化推介会启动仪式现场（吴柏荣/摄）

晋江大桥（陈起拓/摄）

第一章 为有源头活水来：从"机制活"认识新福建

2023年1月29日，莆田市第二届民营经济暨产业发展大会举行（莆田市委宣传部／供）

民营经济已成为福建经济的特色所在、活力所在、优势所在，呈现"七七七八九"的贡献格局。2023年，民营经济贡献了全省70.6%的税收、约70%的地区生产总值、70%以上的科技创新成果、80%以上的城镇劳动就业、94%的市场主体数。2023年，福建民营经济增加值3.72万亿元，私营企业和个体工商户741.1万家。宁德动力电池、厦门电子信息、晋江纺织鞋服、福州纺织化纤、泉州机械装备、泉州建材家居等6个产业集群入围全国民营经济百强产业集群榜单。民营经济对内对外开放持续扩大，400多万闽商在省外投资经商，投资额近4万亿元，闽籍华商资本超过1万亿美元。

（三）深化要素市场化配置改革

党的二十届三中全会通过的《中共中央关于进一步全面深化改革　推进中国式现代化的决定》（以下简称《决定》）提出："完善要素市场制度和规则，推动生产要素畅通流动、各类资源高效配置、市场潜力充分释放。"深化要素市场化改革，有利于优化资源要素配置，使生产要素能够从低质低效领域向优质高效领域流动，扩大优质增量供给，提高要素配置效率，推动要素配置实现效率最优化和效益最大化。

土地作为一种生产要素，具有不可再生性、不可流动性的属性。低效运营的项目长期占用优质地块，优质项目又因为缺少用地引不进来，这常常成为制约发展的瓶颈。近年来，福建深化要素市场化配置改革，推进全省工业用地"标准地"改革，以及低效用地再开发试点和农村集体经营性建设用地入市试点，促进了要素自主有序流动，提高了要素配置效率。

2022年8月，福建省出台《关于推行工业用地"标准地"改革的指导意见》，支持有条件的省级以上开发区先行实施工业用地"标准地"改革，通过开展区域统一评估、严格"净地"出让等，有序推进标准地改革。省直有关部门建立工业用地"标准地"改革厅际联席会议，印发"标准地"改革的工作指引、操作流程，从标准制定、按标出让、按标施建、对标验收等方面明确具体操作要求，规范推进改革工作。厦门、漳州、龙岩等地结合地方实际，制定实施方案。宁德探索优化审批服务工作，将原本需要在签订土地出让合同后办理的规划设计方案和施工图审查、不动产权籍调查等手续提前同步筹备完

工业用地"标准地"：指在城镇开发边界内、工业园区内具备供地条件的区域，对新建工业项目先行完成区域评价、先行设定控制指标，企业拿地即可开工建设，且在出让后按照约定接受监管的工业用地。

成，实现了全省首宗工业用地"标准地""交地即交证""拿地即开工"的"十二证"同发审批模式，为企业大大节约了开工等待时间。据初步统计，全省累计出让工业用地"标准地"面积约8500亩。

2022年9月，泉州市被列为全国首个盘活利用低效用地试点城市；2023年9月，福州、厦门、漳州市又被纳入低效用地再开发试点城市，计划于2027年9月前完成试点任务。两年来，福建通过试点，增添了发展动能，实施的1304宗低效用地再开发项目，预计可拉动投资近3000亿元。同时，提升了城市品质，推动了产业转型升级，改善了人居环境。此外，也助力了乡村振兴，农村存量土地得到有效激活，全省连续两年实现耕地面积净增加。

厦门从"全区域、全要素、全流程"角度系统谋划低效用地再开发工作，避免碎片化、无序化开发。针对工业用地实行工业控制线内外差异化管控，工业控制线内的旧工业用地在不改变土地用途、建筑功能的前提下，可以通过政府收储再出让、原土地使用权人自行改造等多种途径进行"工改工"盘活利用，提高土地利用效率，促进产业结构调整和转型升级。针对工业控制线外的旧工业用地，则支持土地使用权人依法转换

▷ 全省第一本土地承包经营权（首次登记）不动产权证书（长汀县委宣传部／供）

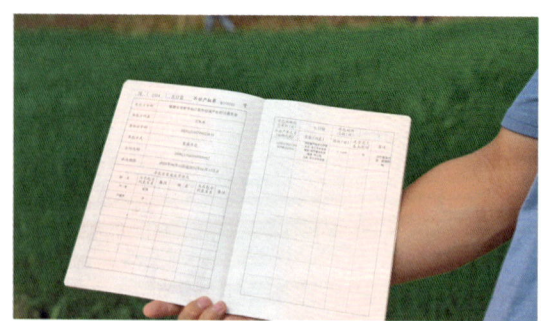

为除商品住宅以外的其他用途，优先鼓励改造为教育、医疗、养老托幼、体育等4类补民生短板项目，进一步优化提升城市公共服务配套水平；经认定为低效用地的，还可根据国土空间规划的用途进行再开发，改造为商业、办公、酒店等经营性项目，助力企业发展新产业、新行业，有效保障城市更新改造。同时，厦门聚焦"规划融合、用途混合、空间复合"，混合产业用地公开供给，近年来相继印发《厦门市商业办公项目土地用途变更和建筑功能临时变更管理办法》《厦门市工业及仓储用地改造管理办法》等文件，打通了存量商业办公、工业仓储项目向其他用途转换的路径，为加快盘活低效土地资源提供了有力的政策支持。

位于厦门市集美区杏林工业组团内的某工业用地，原产业类型化工涂料现已不适合厦门产业发展导向要求，2022年申请产业转型，变更经营范围，按照增资扩产提容增效政策，拆除现有老旧建筑，重新规划建设，容积率从0.23提升至2.99，企业转型为以户外产品为主的现代智能化环保企业。同时，约定扩产后投资强度不低于4240万元/公顷，投产后第二年度起年产值连续五年不低于4310万元/公顷，年税收不低于380万元，大大提高了土地利用效率。

2023年3月，福建的德化县、永泰县、晋江市等9个县（市、区）被纳入农村集体经营性建设用地入市试点，试点期限至2024年底。为此，福建出台了《深化农村集体经营性建设用地入市试点工作实施方案》，从编制计划、提出申请、制定方案、提出意见、公开交易、签订合同及协议、办理登记等7个方面规范了入市程序，细化了集体经济组织入市申请、自然资源部门征求入市方案意见、入市交易等关键环节的实施路径，确保入市工作稳妥可控。截至目前，全省已入市土地36宗、面积305亩，成交价款8659万元，为村集体增收6891.78万元。

在农村集体经营性建设用地入市试点推进过程中，德化县已完成全县集体土地所有权确权登记，编制集体建设用地基准地价，出台《德化县深化农村集体经营性建设用地入市试点工作实施方案》《德化县农村集体经营性建设用地入市管理暂行规定》等试点配套制度，构建农村集体经营性建设用地入市前期准备、中期实施、后期监管全方位的服务监管保障体系。

（四）健全城乡区域协调发展机制

区域经济怎样协调发展？福建根据省情实际作出重大战略决策，即山海协作，把山区的资源、劳动力、生态等优势，与沿海的资金、技术、人才等优势结合起来，加快构建山区与沿海一体化高质量发展格局。20多年来，福建坚持一张蓝图绘到底，一任接着一任干，山海协作呈现出多层面、多领域协同发展的良好态势。

2023年11月，福建出台《关于进一步做深做实新时代山海协作推动区域协调发展的意见》，推动山海全方位、全领域、多层次深度协作，沿海发达市县每年安排对口协作资金，加大对山区协作市县基础设施、公共服务、生态环保、干部交流等领域支持力度，推进山海协作共建产业园，大力发展"飞地经济"，实现从"输血"向"造血"转变，打造山海互利共赢"联合体"。

2024年3月，《泉州市与三明市山海协作实施方案》在省内率先出台。两地围绕增进优势互补，推动产业协作共兴共融、创新平台协同共建、基础设施互联互通、社会事业交流合作、生态文明共建共享。以产业转移为例，三明成为高质量承接泉州产业转移的"优选地"，泉州纺织服装、机械装备等9个千亿元产业集群、15条产业链，正在与三明钢铁和装备制造、生物医药等11条特色产业链深化协作。

福州—南平在武夷新区建设飞地园区；龙岩—厦门共同推动武平县思明高新园区企业与产业链上下游企业达成供需合作；三明—泉州在三元区打造泉三高端装备产业园，初步形成铸、锻造及机加工产业集群……不到一年，福建新时代山海协

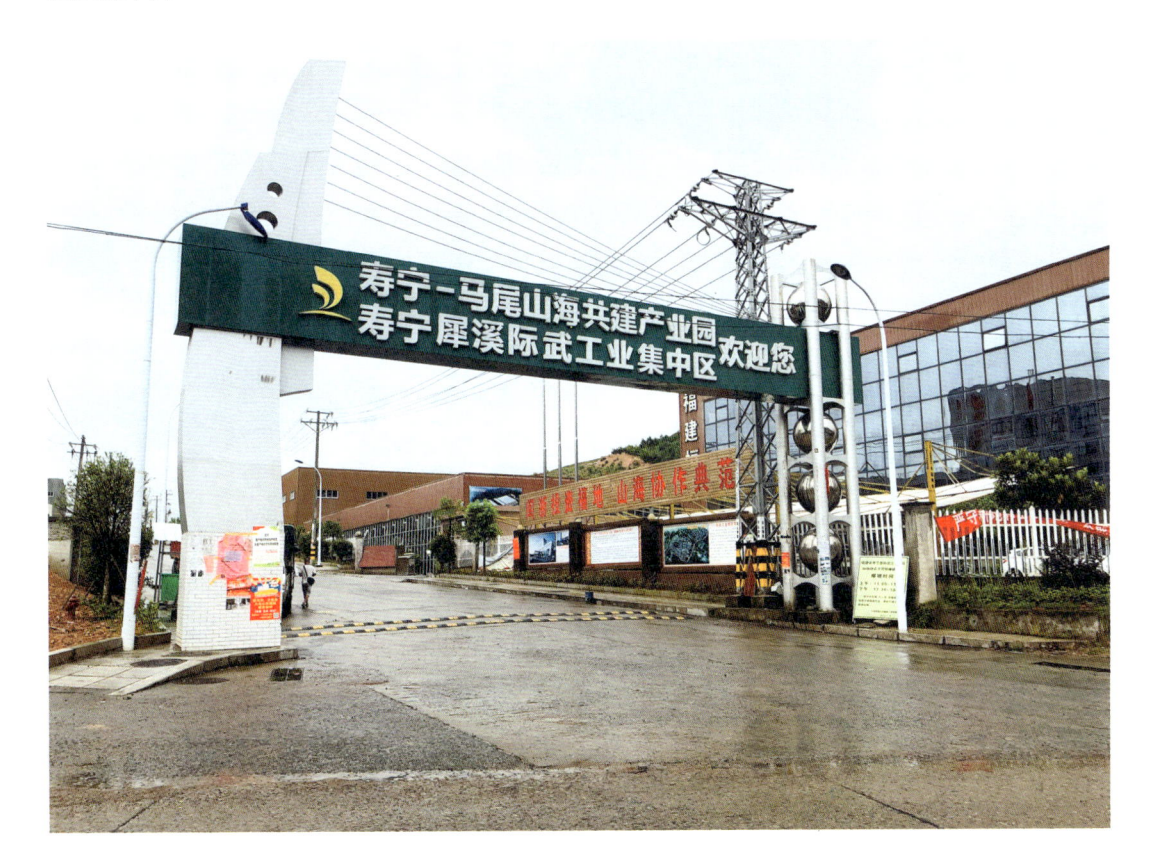

寿宁—马尾山海共建产业园 寿宁犀溪际武工业集中区（寿宁县犀溪镇政府／供）

作已取得众多创新发展硕果。

福建"山区市"的发展机遇不仅在于省内的"山盟海誓"，还在于与省外地区的高位嫁接。福建革命老区重点城市三明、龙岩，正在积极抢抓三明与上海、龙岩与广州对口合作机遇。福建高度重视革命老区振兴发展，2024年省政府工作报告提出将深化沪明、广龙对口合作，加快建设闽西革命老区高质量发展示范区，促进省际协作深化，加强与粤港澳大湾区、长三角经济区的协调协作。为此，福建和上海、福建和广东省级层面分别制定《上海市与三明市对口合作实施方案（2023—2025年）》《广州市与龙岩市对口合作实施方案（2023—2027年）》《关于支持沪明对口合作加快三明革命老区高质量发展的若干措施》《关于支持龙岩—广州深化对口合作加快龙岩革命老区高质量发展的若干措施》等系列政策文件。上海和三明、广州和龙岩市级层面，连续两年研究制定对口合作重点工作计划，明确合作重点和政策措施。福建省专门成立了由省委常委、常务副省长任组长的革命老区重点城市对口合作工作领导小组，统筹推动对口合作工作。沪明两地以市委市政府主要领导任组长的领导小组为主体，构建起"决策层、协调层、执行层"3个层面的工作组织架构，形成高层互访、部门合作、区县结对机制。三明组建工作专班常驻上海，安排4名市领导担任"片长"，分片区统筹推进各县（市、区）差异化对接合作。龙岩成立工作领导小组，实行"月通报、季调度"工作法，与广州建立党政联席会议制度和高层互访交流、协调推进、部门交流、区县结对等工作机制。

两年多来，沪明、广龙各领域合作不断走深走实，成立沪明临港产业园、广龙合作产业园，投产墨砾天然石墨负极材料

宁德福安赛岐镇乡村振兴新风貌（福安市赛岐镇政府/供）

前驱体，落地实施广汽新能源充电桩光储充换一体化等一批重点合作项目，推动沪明、广龙产业链供应链深度融合，取得阶段性成果。2023年11月，国家发展改革委、中国国际工程咨询有限公司先后将沪明对口合作和广龙对口工作经验，作为对口合作典型案例进行刊发，并在全国推广。

在现代化进程中，如何处理好工农关系、城乡关系，在一定程度上决定着现代化的成败。新时代新征程，完善城乡融合发展体制机制，推进乡村全面振兴，加快农业农村现代化，意义十分重大。2019年始，福建按照"千村试点、万村推进、五级同抓、全面振兴"思路组织推进乡村振兴"百镇千村"试点示范，每年开展乡村振兴"十大行动"，实施一批乡村振兴年度重点项目，因地制宜探索各具特色的乡村振兴路子，总结形成福建省乡村振兴5种模式20条路径，培育120条乡村振兴精品线路。2023年底，福建以学习运用浙江"千万工程"经验为引领，深入实施"千村示范引领、万村共富共美"工程，成立乡村振兴咨询委员会，突出示范性、典型性、引导性，省、市、县三级分别创建乡村振兴示范乡镇、示范村，形成梯次创建的工作格局。其中，示范乡镇按产业带动、生态引领、文化兴盛、城乡融合等4种类型创建；示范村按一村一品、农旅融合、生态宜居、传统村落、文明善治、乡建乡创、民族团结、美丽海岛、侨台赓续等9种类型创建。到2027年，全省将新建成省级乡村振兴示范村1000个以上，带动全省1万多个村产业发展、乡村建设、乡村治理全面提升，农民农村共同富裕

▶ 平潭海峡公铁大桥，是中国第一座真正意义上的公铁两用跨海大桥，是连接福州城区和平潭综合实验区的快速通道（念望舒／摄）

取得实质性进展。

跳出城市看城市，以中心城市带动区域发展，是发展都市圈的肇端。近年来，福建加快建设福州、厦漳泉两大都市圈，发挥省会和特区优势，推动全省基础设施互联互通，产业发展紧密协作，公共服务普惠共建，安全保障协同联动，提升区域整体竞争力和影响力；落实《福州都市圈发展规划》，推动福州都市圈同城化发展。目前，福州机场二期扩建工程全面铺开，福州轨道交通F1线已完成15个车站主体结构封顶，福莆宁城际轨道交通F2、F3线完成可研评估。出台《厦漳泉都市圈发展规划》，不断完善厦漳泉一体化工作机制。厦漳泉城际轨道交通R1线即将开展可研审查，厦门市轨道交通6号线角美延伸段等项目加快推进。整合厦泉两港码头、航线运力、堆场等资源，开通"海上巴士"运输支线，开辟海上货物便捷快速运输通道……2023年，福州都市圈、厦漳泉都市圈地区

闽宁镇。1997年，闽宁两省负责同志共同商定建设一个移民示范区，这个地方被命名为"闽宁村"。2002年2月，以原永宁县闽宁经济开发区设立闽宁镇。2003年7月，玉海经济开发区并入，闽宁镇正式成立。2021年8月25日，闽宁镇入选第一批全国乡村旅游重点镇（乡）名单。2021年9月，闽宁镇入选2021年全国千强镇名单（思明区融媒体中心／供）

生产总值分别达1.9万亿元、2.5万亿元，占全省的比重分别为35.4%、45.9%，都市圈引擎带动作用进一步凸显。

从东海之滨到塞上江南，跨越千里，却见证着1996年至今28年闽宁协作"山海情"。1996年5月，国家作出"东西部扶贫协作"（2021年，我国脱贫攻坚取得全面胜利，"东西部扶贫协作"改称"东西部协作"）的重大决策。同年，福建和宁夏建立对口协作关系，成立了由时任福建省委副书记习近平担任组长的闽宁协作领导小组。经过多年探索，福建创造出全国东西部协作典范的"闽宁模式"。

在协作发展中，闽宁两地不断拓展协作深度、创新协作方式、优化协作机制，坚持以市场为导向，通过共建产业园、

搭建合作交流平台、组织规模化劳务输出等方式，促进脱贫地区优势资源开发，带动脱贫人口稳定增收，走出了一条企业合作、产业帮扶、项目带动的"造血"式帮扶路子。据统计，党的十八大以来，经过福建招商引资，落地宁夏项目908个，实际到资392.11亿元，实施了机械制造、电子信息、纺织轻工、风力发电、食品加工、葡萄酒等一批特色产业项目。2023年，福建推动宁夏实施特色产业、闽宁示范村提升等项目292个，集中打造35个闽宁乡村振兴示范村，促进宁夏农特产品销售达52.16亿元，有效带动当地经济发展和农民持续增收。截至目前，已有6700多家福建企业入驻宁夏，安置当地劳动力就业10万多人，8万多宁夏人在福建务工。闽宁产业协作深度

互嵌，成为发展的硬核支撑。

"用一年不长的时间，做终生难忘的事。"1999年起，闽宁协作厦门大学宁夏研究生支教团响应号召，持续接力在祖国的大西北奉献青春、播撒希望的种子。25年来，先后有312名支教队员奔赴宁夏西海固支教。他们坚守三尺讲台，常年负责支教学校核心课程教学，帮助乡镇中小学解决师资结构性短缺的困难。他们"研地情、析学情"，引入翻转课堂、情景模拟等先进教学理念，推动教学质量稳步提升。课堂外，队员们开展"七彩假期""凤凰花班""艺术守望者"等第二课堂品牌活动，组建合唱团、国旗班、广播站等学生社团，服务支教地学生成长成才、全面发展。团队曾入选国务院扶贫办"志愿者扶贫案例50佳"，是中宣部授予的"时代楷模""闽宁协作援宁群体"的组成部分，2024年被授予第28届"中国青年五四奖章"。

第24届闽宁协作厦门大学宁夏研究生支教团出征合照（厦门大学/供）

在西藏洛隆县福建新村内奔跑的孩子，他们的笑容是福建援藏人特别的"勋章"（泉州晚报社/供）

除了闽宁协作考核连续6年为"好"外，福建的其他对口支援工作也取得显著成效：在国家组织的对口支援新疆西藏工作综合绩效考核评价中，福建连续三次获得"先进典型"，援藏工作队荣获全国脱贫攻坚先进集体。

福建于1995年启动援藏工作，对口支援林芝。2016年7月起，福建对口支援地调整到昌都。

从林芝到昌都，产业援藏一直是福建援藏工作的重点。福建对口支援昌都以来，发挥当地资源优势，"输血""造血"并重，突出特色产业发展，优化产业结构布局，推动形成"1+3"清洁能源开发模式，着力培育一批小而精的特色产业，逐步形成以"一片光伏、一方铜矿、一只藏香猪、一袋水

坐落在天山北麓依连哈比尔尕山脚下的闽玛生态村处处生机盎然，一幅牧区美、牧业兴、牧民富的美丽画卷舒展开来。新疆维吾尔自治区昌吉回族自治州玛纳斯县闽玛生态村取名自福建省、玛纳斯县简称，是由福建省对口援建的"定居兴牧"（生态移民）工程，也是全疆建成的第一个高标准牧民定居新村（林文斌／摄）

泥、一瓶核桃油、一瓶葡萄酒、一支藏香、一个园区、一头林麝、一瓶啤酒"为内容的"市县联动、一县多品、县县有特色"的产业援藏格局。如引进厦门国企促成左贡县发展特色核桃产业项目，让小核桃变身核桃油，走出大山，托起群众的增收梦、致富梦。截至2024年4月，累计销售核桃油22.4万瓶，145名当地群众实现在家门口就业，人均增收超5000元；在核桃采摘收购环节，间接带动2000多户农牧民群众实现增收600多万元。

在产业援藏的同时，福建还统筹推动民族交往交流交融、保障和改善民生、干部人才交流合作、文化教育支援，扎实推进"组团式"教育、医疗援藏。30年来，福建援藏坚持用"福建所能"回应"西藏所需"，先后选派10批援藏工作队，投入各类援藏资金近50亿元，规划实施援藏项目1118个，为推动

西藏长治久安和高质量发展写下浓墨重彩的一笔。

1999年，首批福建援疆干部从闽水之畔奔赴天山脚下，福建与新疆昌吉回族自治州从此结缘。

在对口支援工作中，福建重点推进定居兴牧、安居富民、教育医疗等一批重点民生援疆项目。如，建设昌吉市阿什里哈萨克民族乡"天鹅小镇"，帮助502户1780名游牧民实现定居安居的梦想，成为"民族团结一家亲"样板；实施"十个一"工程，让呼图壁县二十里店村从一个维稳重点村发展为民族团结一家亲的"闽疆生态文化村"。同时，注重产业援疆兴边富民。用好福建展会平台，常态化开展推介招商，如紫金矿业累计在疆投资超200亿元，解决就业1万余人……25年来，福建先后选派1591名援疆干部进疆工作，累计投入援疆资金65.5亿元，实施援疆项目1131个。

二、绘就特色改革画卷

福建始终敢于先行先试，把接续推进改革同服务党和国家工作大局结合起来，围绕落实新发展理念、构建新发展格局、推动高质量发展等战略目标任务，推进创造性、引领性改革。十年来，持续深化具有福建特点的改革，用好用足"多区叠加"政策优势，在闽台融合、对外开放、生态文明等领域探路破题，勇于创新，不断塑造发展新动能新优势，充分发挥好改革开放"试验田"作用。

（一）打造两岸融合"示范样板"

"两岸一家亲，闽台亲上亲。"福建是台湾同胞的主要祖籍地，在对台工作全局中具有独特地位和作用。习近平总书记一直高度关注福建对台工作，在2021年3月来闽考察时强调："要突出以通促融、以惠促融、以情促融，勇于探索海峡两岸融合发展新路。"2023年6月，中共中央、国务院印发《关于支持福建探索海峡两岸融合发展新路　建设两岸融合发展示范区的意见》，成为新时代对台工作领域第一个中发文件。截至2024年，累计争取28家中央和国家部委、金融机构出台25份配套政策文件。

十年来，福建自觉担起历史使命，积极探索海峡两岸融合发展新路，建设两岸融合发展示范区，打造台胞台企登陆的第一家园，为台胞台企带来更多发展机遇。

福建坚持以改革促融合，不断深化对台各领域政策和制度创新，扎实做好社会融合、经济融合、情感融合"三大示范样板"，构建全域融合新格局，努力为深化两岸融合发展提供省域示范。

福建继2021年1月率先发布225项台胞台企同等待遇清单后，2023年底以来已发布3批共45条惠台利民政策措施，让台胞在福建有更多获得感：凭台湾居民居住证，台胞可以同等享受购房、基本医疗保障待遇，同等参加城镇职工基本养老保险、工伤保险、失业保险；台胞子女享受学前教育、义务教育就近就便入学；在各设区市，行政服务中心设立台胞台企服务专窗，设立一批"台胞医保服务中心"，破解台胞台企办理手续难题；不断完善法治环境，推动建立涉台纠纷在线诉调对接机制，开辟"12348"涉台港澳法律服务专线及涉台专窗；厦门市成立9家医保台胞服务站，实现全市六区全覆盖，为台胞

台胞在福州高新区政务服务中心"最多跑一次"一站式办事窗口办理业务（林双伟／摄）

在漳州古雷开发区，一座世界一流的绿色生态石化基地正加速崛起（饶超毅／摄）

提供就近办理门诊、急诊及住院5日内就医的健保报销"一站式"结算服务……

现在，台胞往来通道更加畅通，"小三通"（福建省与金门、马祖之间进行小规模的通商、通航和通邮）航线持续加密，从复航之初每周26航次增至最多182航次。台胞在闽就业创业更有保障，公布3批直接采认台湾地区职业技能资格目录、合计50个职业，1500多位台胞通过直接采认方式取得相应证书。台胞在闽社会参与更加广泛，一些台胞出任、获聘台资企业协会等社会组织负责人、法人和仲裁员、调解员、陪审员。越来越多的台胞正以"新居民"身份融入福建"新家园"。

在拉近"生活圈"的同时，福建进一步深化闽台经贸合作，拧紧"合作链"。海峡两岸最大石化产业合作项目古雷炼化一体化一期正式投入运营，6个台湾农民创业园连续7年包揽国家考评前6名，石油化工、电子信息等闽台产业链供应链加快融合……截至2024年上半年，全省有台资企业超1.1万家、位居大陆第三位；闽台贸易额累计突破1.5万亿元，累计落地台资项目2.5万多个。金融合作创新发展，设立大陆首支由台商发起的两岸产业投资基金。率先打通台胞境外自有人民币投资大陆通道，落地大陆首笔台胞跨境直接汇入人民币购买商品房和两岸融合数字人民币债券。行业标准共通持续推进，上线两岸标准共通信息与服务平台，至2024年末，累计研制两岸

龙岩漳平台湾农民创业园（王惠勇/摄）

两岸融合乡建乡创项目——三明泰宁耕读李家（王惠勇/摄）

海峡两岸乡村融合发展示范村——三明市三元区小蕉村（王惠勇／摄）

共通标准285项。

闽台乡建乡创是两岸融合发展的一大品牌。2018年起，福建省从实施乡村振兴战略全局出发，围绕"项目带动、资金补助、培训辅导、交流合作"等方面制定出台《关于深化闽台乡建乡创融合发展若干措施》《福建省闽台乡建乡创合作管理规定》《关于以闽台乡建乡创合作为抓手助力乡村振兴和两岸融合的指导意见》等一系列政策，在大陆首创以乡建乡创为主题的闽台合作模式，每年安排专项资金支持台湾青年来闽参与乡村建设。其中，从2021年开始，省级每年安排5000万元，支持100个乡建乡创合作项目。至目前，累计安排2.22亿元补助了444个项目。2023年起，省级还安排奖补资金支持闽台乡建乡创合作样板县、样板集镇、样板村创建。同时，各市、县也配套了补助资金，如泉州市出台促进泉台农业融合发展10条措施，对未列入省级补助名录的项目，累计安排200万元，扶持10个市级项目；闽清县每年安排1000万元支持5个合作项目、1个样板村创建，并提供5年免租金的3000平方米办公场所和50套配套免租住房支持台湾团队。

随着闽台乡建乡创合作模式不断走深走实，许多从事乡建、文创、农业、旅游等行业的台湾建筑设计师、文创设计师、乡村规划师跨海而来。全省已累计引入152支台湾建筑师和文创团队，吸引567名台湾专才以陪护乡村的形式在闽就业创业，覆盖全省515个村庄、93%以上的县（市、区），培育出一批可复制、可推广的合作样板项目。相关做法得到中央领导的批示肯定，被国台办、住建部向全国宣传推广，入选第三届"全球减贫案例征集活动"最佳案例和2022年福建改革品牌，浙江、江西、宁夏等省、自治区借鉴实践。两岸建筑师联合驻村行动荣获住建部"中国人居环境范例奖"。

"让两岸亲情割不断，不再区分你和我"。始终坚持"民间性、草根性、广泛性"定位的海峡论坛已经举办了16届，是

2024年6月15日，第十六届海峡论坛在厦门举行（张江毅／摄）

2023中国·平潭海峡两岸体育嘉年华暨海峡两岸青少年棒球冠军赛开幕式（福建省广播影视集团/供）

目前两岸参与机构最多、活动规模最大、社交界别最广的民间交流活动，在两岸同胞之间架起了"连心桥"。海峡青年节也已举办12届，吸引了3万多名两岸青年参与，其中台湾青年近2万名，涵盖了百所台湾院校、百个台湾高校社团、百个台湾青年团体，为两岸青年交流交往交心交融搭建起平台。全省现有省级以上台青就业创业基地49家，累计4.8万多名台青来闽实习、就业、创业。

在海峡论坛、海峡青年节的龙头引领下，福建"一市一品牌、一县一特色、一部门一精品"的两岸交流格局水到渠成。厦门积极打造"一区一品牌"，持续举办郑成功文化节、福德文化节等两岸民俗文化交流活动，2023年以来共举办两岸交流活动300多场，参与台胞2万多人次。福州持续做大闽王、

► 2023年6月22日，第十七届闽台对渡文化节暨蚶江海上泼水节开幕，两岸民众搭乘渔船参加海上泼水活动（李荣鑫/摄）

► 2023年7月15日，阔别四年的厦金海峡横渡活动重启，来自海峡两岸暨港澳的100队200名选手以接力的形式，从厦门游向小金门双口村海域（黄少毅/摄）

陈靖姑、船政文化等历史文化品牌活动，培育"台胞寻根"等对台交流新品牌，推进两岸同胞心灵契合。

宗亲、乡亲、姻亲、民间信仰……福建持续画好"同心圆"，推动亲情乡情交流活动持续开展。密不可分的闽台情缘随着交流融合绵延不绝。目前，国家级海峡两岸交流基地增至26家、居大陆首位，2023年岛内台胞来闽达57.3万人次，两岸同胞越走越近，越走越亲。

从全局谋划一域、以一域服务全局。福州马祖、厦门金门打造"同城生活圈"，平潭打造两岸共同市场先行区域，泉州和漳州建设世界闽南文化交流中心，三明建设海峡两岸乡村融合发展试验区，莆田建设妈祖文化中心，龙岩和三明发展客家文化对台交流项目，南平打造生态文旅产业对台合作品牌，宁德打造闽台新能源汽车智造基地……福建因地制宜、以点带面，推动全域融合发展，持续构建全方位对台开放格局。

（二）构建国际合作开放高地

党的二十届三中全会指出："开放是中国式现代化的鲜明标识。必须坚持对外开放基本国策，坚持以开放促改革，依托我国超大规模市场优势，在扩大国际合作中提升开放能力，建设更高水平开放型经济新体制。"

福建始终围绕服务和融入新发展格局，坚持改革和开放"双轮驱动"，充分发挥区位和政策叠加优势，不断完善高水平对外开放体制机制，全面融入国内统一大市场，构建国内国际双循环的重要节点、重要通道，拓展福建现代化建设的战略空间。

2014年12月，国务院正式批复设立中国（福建）自由贸易试验区（以下简称"福建自贸试验区"），包括平潭、厦门、福州3个片区。福建自贸试验区自2015年4月21日挂牌运行以来，坚持新发展理念，先行先试，勇于突破，围绕商事制度、投资、贸易推出原创性差异化改革举措，打造了一批响当当、有特色、企业认可的改革"名片"。

近年来，跨境电商、展会交易等新兴业态蓬勃发展，这些新业态的主体很多是中小微企业。融资难、资金压力大是中小微企业创业发展遇到的突出瓶颈。同时，一些企业集团希望利用自己的银行额度为子公司提供担保，更利于资金集约使用。

发端于福建自贸试验区的"同业联合担保"，于2017年4

2023年1月16日，一列载着290台国产商品汽车的国际铁路直达专列由宁德陆港驶出，转港后将抵达俄罗斯莫斯科多斯基诺站。这是宁德首开中欧班列，也是福建省第一列出口汽车国际铁路直达专列（郑镇/摄）

月应运而生。所谓同业联合担保，就是引入保税仓储企业、跨境电商平台、供应链企业、物流企业等有实力的第三方企业，为其平台下的中小微企业向银行申请海关税款保函，使中小微企业无需提供保证金或银行融资。它突破了现行进口企业只能自行申请海关税款担保的模式，大大缓解了企业的担保资金压力，提高了资金周转率。自推出以来，其惠企、高效、便捷的特点深受企业欢迎和好评，已被海关总署在全国范围内推广使用。

如今，福建自贸试验区以制度创新为核心，已累计推出全国首创举措275项，其中35项创新做法向全国推广。

自2020年11月中国宣布在厦门建立金砖国家新工业革命伙伴关系创新基地（简称"金砖创新基地"）以来，根据金砖国家所需和福建优势产业，福建主动对接金砖创新基地赋能平台，积极开展项目招商建设，扩大经贸交流合作，持续提升对外开放水平。2023年，福建省对金砖国家进出口贸易总额2797亿元，比增7.3%。

目前，福建全力推进"中国—金砖国家新时代科创孵化园"建设，孵化培育一批可面向金砖国家复制的科技企业，首批8个项目已入驻；中沙古雷乙烯项目全面开工建设，31个标志性项目落地落实，多家龙头企业积极参与金砖国家产业链合作；引导国内相关知名企业为金砖国家有关企业提供"智改数转"解决方案，扩大对外赋能。同时，福建依托"金砖创新基地区块链产业联盟"，开发数字化管理方案，用区块链技术赋能金砖国家数字化转型，推动数字领域各行业标准互联互通、成果共享；聚焦工业互联网、高端装备、生物医药等领域，开展产业链供应链招商，做好金砖及"金砖+"产业项目策划、对接，推动一批项目取得新进展。

厦门国际会议中心——2017年金砖国家领导人第九次会晤会址（李毅青/摄）

　　围绕"政策协调、人才培养、项目开发"三大重点领域，福建立足"深""实""专""融"，将金砖创新基地打造成为服务构建新发展格局、金砖及"金砖+"务实合作平台：举办新工业革命伙伴关系论坛、大赛、展览，以及金砖国家智库研讨会等重大活动，搭建政产学研各界交流合作的平台；发布《金砖国家制造业数字化转型合作倡议》等成果性文件，凝聚各方发展共识；组建智库合作联盟，编制《金砖国家新工业革命伙伴关系创新基地发展报告》等研究成果，为进一步推动合作探索方向。落地全球发展促进中心创新培训基地，建立新工业能力提升培训基地联盟，线下举办金砖国家工业互联网领

2020年8月1日，福州港"丝路海运"快捷航线在江阴港区举行首航仪式（王毅/摄）

航人才研修班、新工业革命技术与治理卓越人才培训班，促进金砖国家人才互学互鉴。金砖创新基地总部区项目启动建设，"金砖国家精品馆"设立，"买在金砖"系列活动举办，"金砖法务特色专区"加快建设，金砖国家城市跨境电商空运专线开通，中欧（厦门）班列中俄线稳定运行。

"向海而生"是福建的传统。2015年3月，海上丝绸之路东方起点福建，被正式定位为21世纪海上丝绸之路核心区。近年来，福建深入推进"海丝"核心区建设，在共建"一带一路"征程中勇挑重担，取得丰硕成果。"丝路海运"持续拓展，就是福建"海丝"核心区建设走深走实的生动实践。

在外贸进出口领域，物流供应链的稳定高效至关重要。2018年12月，作为中国首个以航运为主题的"一带一路"综合服务品牌和平台，"丝路海运"从福建出发。

服务成为切入点。"丝路海运"明确三大任务：服务标准化、运营便捷化、管理智能化。福建先后制定发布了港口、航运、中转、通关、多式联运场站等港航物流环节的服务标准。

2023年2月，泉州石湖港新航线首航，开启大船大港时代（林劲峰/摄）

根据标准，每年评选一批"丝路海运"优质服务航线给予奖励。

随着新一批13名成员在2024年9月7日加入，"丝路海运"联盟成员单位已超过340家，覆盖产业链上的港口、航运、物流、港航服务、生产、贸易和批发零售等所有环节。以"丝路海运"为纽带，联盟成员发挥各自资源禀赋，形成开放对话、取长补短的可持续发展"生态圈"。

目前，"丝路海运"命名航线总数达132条，通达全球46个国家和地区的145座港口，以"丝路海运"命名集装箱航线累计开行超1.6万艘次，集装箱吞吐量超1900万标箱。一个依靠组织协同化、运营平台化、管理智能化、服务标准化、运行便利化、品牌全球化形成的港航贸利益、责任、命运共同体逐渐形成。

2021年3月，习近平总书记在福建考察时强调，要深度融入共建"一带一路"，办好自由贸易试验区，建设更高水平开放型经济新体制。经过深入思考谋划，福建省委决定发挥优势、立足实际，创新探索海丝中央法务区建设。

福建省高位谋划，成立海丝中央法务区建设工作领导小组，成员涵盖30个部门，多次邀请专家学者对法务区建设定位、发展思路等深入论证，不断建章立制完善体系，出台《海丝中央法务区总体建设方案》《海丝中央法务区建设管理办法（试行）》，在全国率先将海丝中央法务区建设写入地方性法规。从厦门片区逐渐扩容至福州、泉州两个片区，各地立足实际积极探索，全方位推动海丝中央法务区建设从"一纸规划"到"多点开花"：厦门片区出台《支持海丝中央法务区建设的若干措施（2024—2027）》，在完善法务产业生态圈等多方面实践走在全国前列；福州片区发挥省会城市优势，创新"政务+法务"发展模式；泉州片区推动完善一区多园布局，"金融纠纷一体化调处"入选2023年地方改革典型案例。

法治是最好的营商环境。海丝中央法务区将法律服务作为经济转型升级的核心配套产业，围绕"丝路海运""两国双园"和金砖国家合作等重大项目，设立RCEP公共服务平台、域外法查明中心等配套机构，形成融入"海丝"的现代产业发展平台。积极探索高水平现代服务业新模式，实现法务与现代科技协同发展，促进大数据、云计算、人工智能、区块链等现代技术与法务区建设相互融合，"海丝中央法务区·云平台"线上法律服务超100万人次。出台面向金砖国家法律服务机制，现已受理涉金砖国家商事案件100余件，标的金额超25亿元。此外，创新提出"警安法务科技"产业思路，联动110余家企业培育法务科技产业链，年营收超过300亿元。

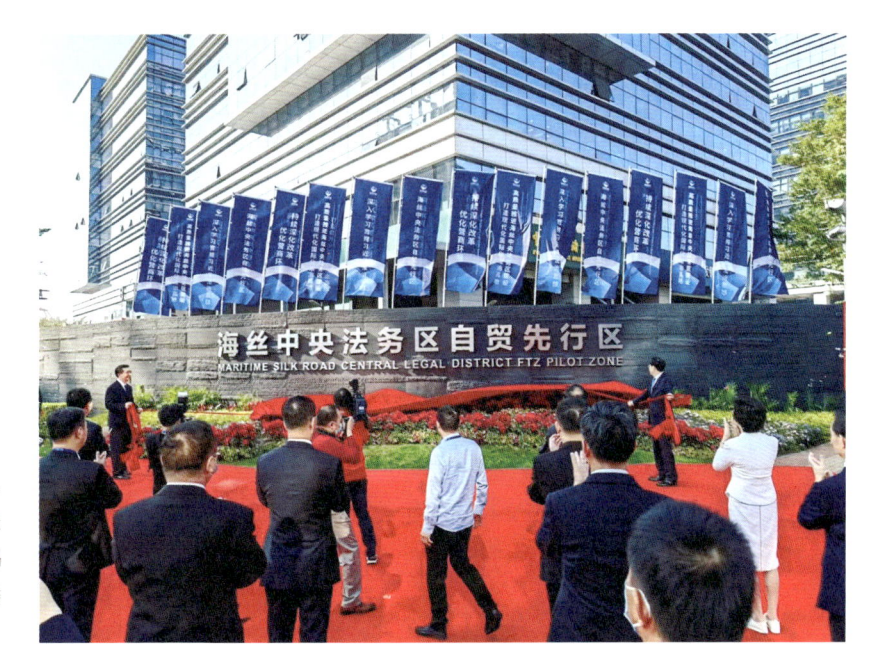

2021年11月5日，位于厦门的海丝中央法务区自贸先行区正式揭牌（厦门自贸片区管委会／供）

▶ 中国、印度尼西亚"两国双园"中方园区福州元洪投资区（林双伟/摄）

在深度融入共建"一带一路"的关键时期，海丝中央法务区顺势而为，积极打造国际商事海事争端处理优选之区。在全国首创发布《中国（福建）自由贸易试验区临时仲裁指南》，填补实践指引空白。厦门仲裁委被最高人民法院纳入"一站式"国际商事纠纷多元化解决机制仲裁机构名单。与世界知识产权组织仲裁与调解中心建立合作关系，推动设立"侨胞法务之窗"，吸引国际商事争端预防与解决组织在福建设立全球首个代表处……海丝中央法务区打造法治创新聚集区和一流法律服务高地，积极帮助国内外企业防风险、化纠纷、维权益。据统计，目前已受理来自40余个国家和地区的商事海事案件近2300件、标的金额超190亿元，涉及共建"一带一路"国家14个。

通过连续举办四届海丝中央法务区论坛，承办或协办海上丝绸之路（泉州）司法合作国际论坛等国际性法务活动，海丝中央法务区已吸引海内外6000余万人次关注，为法务区建设注入更多动力，涉外法治交流合作正在不断走深走实。

海外侨胞在中外之间特别是国际合作中扮演着"民间使者"的重要角色，广大侨商更是服务和融入新发展格局的重要力量。作为全国重点侨乡，福建高度重视新时代侨务工作，积极践行"大侨务"观念，打好新时代新"侨牌"。立足侨的资源优势，充分发挥广大侨胞资金雄厚、人才汇聚、融通中外、熟悉市场和国际规则的优势，以"创业中华"为载体，创新开展"引侨资、聚侨力、汇侨智"行动。先后举办中国侨商投资（福建）大会、中国侨智发展大会等，主办"创业中华·侨智助力八闽"、中国（福建）侨界人才交流等引智活动，积极开展"海外人才分布和发展"调查分析，成立6个新侨人才行业专业委员会，建成千人"侨界专家数据库"。一项项举措，促进侨智侨资优势得以发挥，促进更多资源要素汇聚福建，有力促进了福建经济社会高质量发展。

2024年12月16—18日，第二届中国侨智发展大会在福州举办（林双伟／摄）

（三）擘画生态文明建设蓝图

生态环境保护和经济发展是辩证统一、相辅相成的，建设生态文明、推动绿色低碳循环发展，不仅可以满足人民日益增长的优美生态环境需要，而且可以推动实现更高质量、更有效率、更加公平、更可持续、更为安全的发展，走出一条生产发展、生活富裕、生态良好的文明发展道路。

2024年8月15日，以"加快经济社会发展全面绿色转型"为主题的全国生态日主场活动在三明举办，会议发布了福建生态省建设25年重要成果：以约占全国1.3%的土地、3%的能耗，创造了全国4.3%的经济总量；国家生态文明试验区39项改革成果向全国复制推广；23项生态文明领域改革成果获国务院督查激励肯定……一系列数据，生动反映出福建生态文明建设结出的丰硕成果。

福建是习近平生态文明思想的重要孕育地和实践地。近年来，福建始终牢记嘱托、接续努力，持续推进生态文明体制机制改革创新，生态环境质量位居全国前列，绿色发展动能持续增强，以生态"高颜值"提升高质量发展"好气质"。

建立国家公园体制，是党的十八届三中全会提出的重点改革任务，是我国生态文明制度建设的重要内容。2021年10月，国家主席习近平在《生物多样性公约》第十五次缔约方大会领导人峰会上，公布我国首批5个国家公园，武夷山国家公园位列其中。为了更好地在武夷山的丹山碧水间铺开国家公园体制改革，实现治理体系的重塑，福建先后出台了《武夷山国家公园条例（试行）》《福建省武夷山国家公园条例》等法规，明确了武夷山国家公园福建片区的保护、建设和管理机制。近年来，武夷山国家公园福建片区建立了"管理体系化、治理规范化、管控科学化"的管护模式，突出自然和人文兼备、保护和发展兼容、全民和集体兼顾、科研和游憩兼具，加强跨省联动，组织确权勘界，开展协同立法，统一资源管理，健全公检法司办案协作机制，推进社区协调发展，深化科研监测，强化科普宣教，有效促进生态保护、绿色发展、民生改善相统一。

武夷山国家公园福建片区生态管护模式的变化，是福建省推进生态文明建设的缩影。作为全国首个国家生态文明试验区，福建立足"山多海阔"的地域特征，坚持走生态优先、陆

▶ 武夷山国家公园福建片区（林忠玉／摄）

水清岸绿景美的福州仓山流花溪（林双伟 / 摄）

第一章 为有源头活水来：从"机制活"认识新福建

海统筹的绿色发展道路，以习近平生态文明思想统领生态省建设，持续拓展生态文明体制改革的广度、深度，在生态资源管控、生态价值实现、生态保护修复等重点领域上先行先试，生态文明建设体制机制创新实现迭代升级：完善党政领导生态环境保护目标责任制，全面实施领导干部自然资源资产离任审计制度；深入实施河湖长制、林长制，探索创新河长办实体化运作模式等特色做法，初步形成贯通省市县乡的林长制一体化指挥平台；率先开展重点生态区位商品林赎买和水土保持项目碳汇交易，推行排污权、碳排放权、用能权等资源环境权益交易制度；健全环境治理市场体系，实现省内全流域生态保护补偿；发出全国首份"复植补种令"，率先实现省市县三级生态司法机构全覆盖，建立涉生态环境刑事、民事、行政和非诉执行审查"四审合一"的审判模式，完善生态环境监测、监管、执法"三联动"机制。同时，福建锚定"双碳"目标，陆续出台实施碳达峰碳中和实施意见、碳达峰实施方案以及分领域、分行业实施方案和保障方案，加快实施重点领域节能降碳改造升级，有序推进产业结构、能源结构、交通运输结构不断优化，形成国土空间开发保护"一张图"，系统构建沿海产业节约集约布局、山区生态重点保护、山海协同联动的绿色发展格局。

"青山绿水是无价之宝。"作为我国南方重点集体林区、东南沿海地区重要生态屏障的福建，全省森林面积1.21亿亩，森林覆盖率达65.12%；全省森林蓄积量达8.07亿立方米；已建成国家公园、自然保护区、自然公园等各类自然保护地358处，总面积达1538万亩，形成较为完整的自然保护地体系。在"生态美"的同时，实现"百姓富"，是福建省推进生态文

位于漳州市长泰区的福建天柱山国家森林公园（郑腻/摄）

三明市三元国家森林公园格氏栲景区（王惠勇/摄）

武平林改，全国第一本新版林权证（李国潮/摄）

明试验区建设、深化集体林权制度改革的重中之重。

集体林权制度改革是习近平同志在福建省担任省长期间主导的一项重大改革。2021年3月，习近平总书记在三明市沙县区考察深化林改工作时要求："坚持正确改革方向，尊重群众首创精神，积极稳妥推进集体林权制度创新，探索完善生态产品价值实现机制，力争实现新的突破。"2023年9月，中共中央办公厅、国务院办公厅印发《深化集体林权制度改革方案》，明确支持福建、江西、重庆创建全国深化集体林权制度改革先行区。

近年来，福建省系统集成深化集体林权制度改革，积极破解难点堵点问题，接续作答习近平总书记当年提出的"山要怎么分""树要怎么砍""钱从哪里来""单家独户怎么办"4个难题，以及"两山如何转化"新问题，持续攻坚克难、先行先试，创新体制机制，解放和发展林业生产力，促进林业发展、林农增收和林区和谐。

　　福建围绕创新林权管理机制，接续作答"山要怎么分"：全面推行集体林地"三权分置"，创新发放林下经营权凭证；推进林权数据、信息互通共享，创新地籍调查方式，免收相关费用；搭建覆盖全省的林权流转平台，促进全省流转林权601.95万亩。围绕创新林木采伐机制，接续作答"树要怎么砍"：放宽林木采伐政策，探索按面积批准林木采伐改革；发展可持续涉林产业，优化公益林布局，允许天然林抚育修复。

位于三明永安的全国首家林业要素市场（永安市融媒体中心/供）

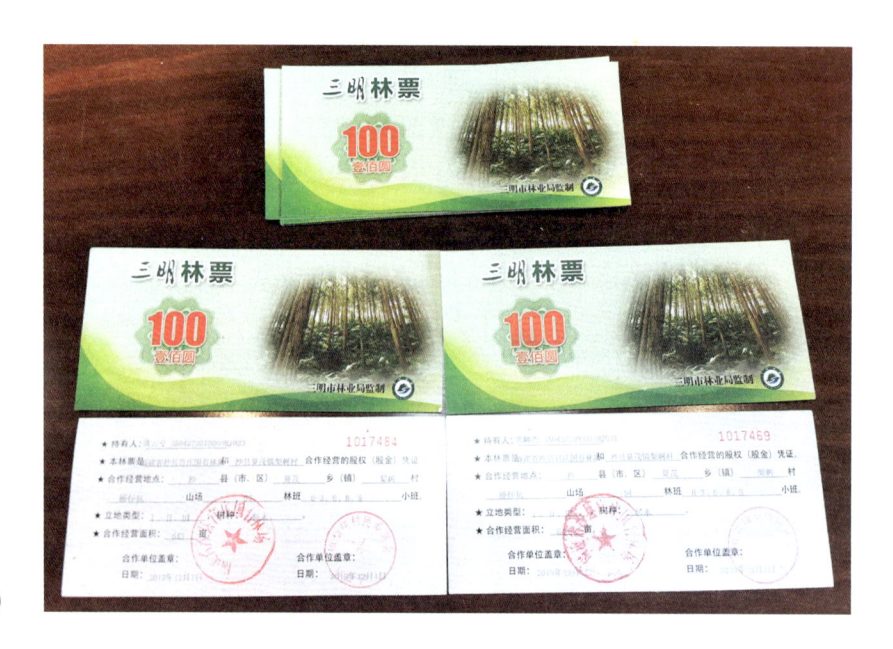

三明林票（陈亚芹/摄）

围绕创新林业经营机制，接续作答"单家独户怎么办"：扶持培育新型林业经营主体948家，发挥国有林场、林业龙头企业专业优势，建立联农带农机制，创新推广林票、地票、森林生态银行等合作经营模式，引导林农、林场、林企等多元主体合作经营；强化林业实用技术培训与推广，深化"林农点单，专家送餐"林业科技服务活动。围绕创新投资融资机制，接续作答"钱从哪里来"：建立绿色金融制度体系，深化绿色金融改革，探索推出"碳中和"债券、"林业碳汇指数保险"等碳金融服务；开展林业贷款贴息，全省发放"闽林通"系列普惠林业贷款64.18亿元、新增受益农户3.49万户。围绕创新价值实现机制，接续作答"两山如何转化"：突出产业化利用，扶持竹产业、花卉苗木、林下经济、生态旅游等绿色富民产业发展；提升林业碳汇能力和项目储备，先后创新三明市"林业碳票"、南平市"一元碳汇"、龙岩市"司法碳汇"等做法，稳步推进林业碳汇交易；加强生态化补偿，提高生态公益林补偿、天然林停伐管护补助；开展重点生态区位森林赎买等改革，完成改革面积15.3万亩。2023年，全省林业产业总产值近8000亿元，较2013年增长超1倍，涉林收入成为林区林农增收致富的重要来源。

三、扩宽改革惠民车道

人民对美好生活的向往就是我们的奋斗目标，抓改革、促发展，归根到底就是为了让人民过上更好的日子。十年来，福建始终坚持"以人民为中心"推进社会民生领域改革，持续增进民生福祉，做到老百姓关心什么、期盼什么，改革就抓住什么、推进什么，不断提升人民群众的生活品质和改革获得感。

（一）当好人民健康"守护神"

党的二十届三中全会指出："深化医药卫生体制改革。实施健康优先发展战略……促进医疗、医保、医药协同发展和治理。促进优质医疗资源扩容下沉和区域均衡布局，加快建设分级诊疗体系，推进紧密型医联体建设，强化基层医疗卫生服务。深化以公益性为导向的公立医院改革……"这中间就有不少来自福建的经验贡献。

为"解决看病难、看病贵"问题，2012年以来，三明主动启动实质性医改，勇闯"深水区"，敢啃"硬骨头"，以公立医院综合改革为切入点，坚持市、县、乡、村"四级联推"，全市"一盘棋"统筹推进综合改革。"三医联动""两票制""一品两规"和药品耗材集采、组建医保局等举措被上升到国家层面推广，闯出了一条破解医改难题的新路子，贡献了中国新一轮医改的地方样本。截至目前，三明医改已经历了三个阶段。

第一阶段是"治混乱、堵浪费"。2012年2月，三明针对药品虚高挥出医改"第一刀"：对辅助性、营养性、高回扣的129种药品品规，实施重点监控。自此，三明医改拉开帷幕：全面取消药品耗材加成，实行联合限价采购，规范药品配送和医疗行为等，切断药品耗材流通利益链条，使其回归治病功能。

2013年2月，医改进入"建章程、立制度"的第二阶段。三明先后破除了公立医院"以药养医"，实行院长年薪制，试行医生（技师、临床药师）年薪制，推进全员目标年薪制、年薪计算工分制；打破医保管理"九龙治水"，整合全市24个医保经办机构，组建医保中心，理顺了政府管理体制，确立改革"四梁八柱"。

在打出"三医联动"组合拳后，三明医改又将目光放到基层医疗上。医保打包支付、组建总医院、C-DGR收付费……努力推动优质医疗资源下沉，为群众提供全方位全过程全周期的卫生与健康服务。三明医改迈入"治未病、大健康"的第三阶段（2016年8月至今），即"以健康为中心"的三明医改3.0版。

过去11年，三明市共调整11批次共1.04万项次医疗服务价格，目前已经启动了第12次调价，由此增加医疗服务收入，不断健全公立医院补偿机制。全市公立医院"医、药、检"的收入结构，从改革前2011年的18.4∶60.1∶21.5优化为2023年的46.1∶29.8∶24.1。

三明市医疗保障基金管理中心办事大厅（梁秀琴/摄）

习近平总书记多次对推广三明医改经验作出重要指示，如在2021年3月23日视察三明沙县区总医院时指出："三明医改体现了人民至上、敢为人先，其经验值得各地因地制宜借鉴。"三明市成为全国唯一深化医改经验推广基地。2024年8月30日，国家卫生健康委再次召开以"推广三明医改经验"为主题的新闻发布会，表示将进一步推广三明医改经验。

改革是"接力赛"，也是"团体赛"。福建持续推广三明医改经验，率先建立党政"一把手"挂帅、一位政府负责同志分管"三医"的医改推进机制，连续十年将医改重点任务列入全省九市一区政府绩效考评指标体系，推动"三医"协同发展和治理。完善政策体系，统筹公立医院改革与高质量发展，

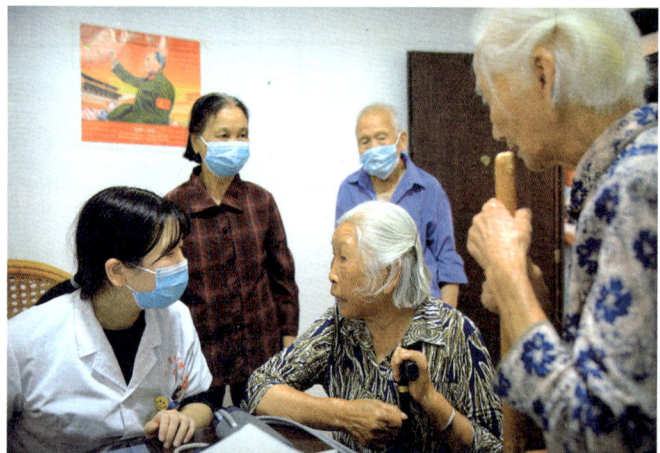

健康服务到基层（杨铜平/摄）

向新而行——新福建的非凡十年

省级层面印发了《福建省推动公立医院高质量发展实施方案》《关于进一步完善医疗卫生服务体系的实施方案》等系列文件，为改革发展画出具体"施工图"。促进优质医疗资源扩容下沉，推进区域医疗中心、医疗"创双高"、紧密型县域医共体等建设；深化"药价保"集成改革，健全药品耗材集中带量采购、医疗服务价格动态调整等机制，促进实现多方共赢；改善群众看病就医体验，扩大"无陪护"病区、家庭病床服务试点，推行检查检验结果互认与医学影像共享……

目前，福建在综合医改试点省阶段性评估中全国领先，公立医院综合改革效果评价连续9年位居全国前列，全国三级公立医院绩效考核连续4年居前6位。

通过持续深化医改，群众改革获得感、就医安全感、健康幸福感不断增强，全省主要健康指标优于全国平均水平，2024年全省人均预期寿命升至79.3岁，比2012年提升了2.94岁；2022年个人卫生支出占比24.81%，比2012年降低3.5个百分点，总体上以较少的卫生资源取得了良好的健康绩效。

（二）书写民生福祉新答卷

"要大力发展养老事业和养老产业，发展公办养老机构和普惠型养老服务，特别要强化对特困、低保、高龄、失能老年人的兜底保障。"2023年春节前夕，习近平总书记通过视频连线慰问福州市社会福利院的老年人，这一殷切嘱托也为福建省进一步做好养老服务工作提供了遵循。

福州市社会福利院新建的食堂，可同时容纳上千人用餐。旧食堂改造成了老年人活动中心，阅览室、影音室、舞蹈室、健身区、手工活动区等一应俱全。医务室设全科医疗科、预防保健科、精神科等，为老年人提供常见病和基础病的诊疗、理疗、康复和咨询等服务，每月还有专科医生来院巡诊，实现"小病不离院、大病有医靠"。福利院对老年人"全护理、半护理、自理"分区分级管理，使照护更精准、守护更放心。

福州市福利院设施改造完善、服务功能拓展、护理质量提升，是福建省强化对特困、低保、高龄、失能老年人兜底保障的一个缩影。多年来，福建省认真贯彻习近平总书记关于养老服务工作重要指示批示精神，连续8年将养老服务工程纳入为民办实事项目，2022年9月出台《福建省养老服务条例》。2024年4月，福建出台《关于加快推进"福见康养"幸福养老服务体系建设的若干措施》，旨在大力发展养老事业和养老产业，全力打造"居家有服务、兜底有保障、普惠有机制、市场

▷ 青年干部在宁德古田孝老食堂给老人过生日（古田县"四下基层"实践综合服务中心 / 供）

2019年12月26日,漳州市社会福利中心工作人员为老人表演节目(陈逸帆/摄)

有选择"的"福见康养"幸福养老服务体系。福建通过持续加大政策、资金、资源等投入力度,强化公办养老机构兜底保障作用,发展社区居家养老服务,深入推进医养结合,让老年人有个幸福的晚年。

福建紧紧围绕老年人的"周边、身边、床边"建设施、送服务,推广"近邻+养老"、"互联网+养老"、"党建+养老"、互助养老等养老服务新模式,让居家社区老年人不用离开熟悉的环境就能获得更贴心的养老服务。目前,全省各类社区养老服务机构和设施达1.7万个,社区养老服务设施覆盖率达95.8%;养老机构1251家,其中五星级养老服务机构和设施达470个,养老机构护理型床位占比提高到68.2%。全省养老床位总数27.9万张,每千名老年人拥有养老床位数38.9张,高于全国平均水平。

在社会事业改革方面,福建不断健全民生投入保障机制,除了打造"福见康养"养老服务品牌外,还先后创造了集团化办学、交通事故"快处快赔121"机制等改革经验。

让孩子在家门口上好学,是广大家长们的心愿。为了解决区域教育不够优质均衡的问题,推动基础教育高质量发展,2021年,福州在全市范围内开展基础教育集团化办学改革,激发出社会办教育的力量,一批创新性举措相继问世。

"优质校+新校"的单一法人总分校办学模式、"优质校+薄弱校"的委托管理模式、"优质校+普通校""优质校+薄弱校"的联盟模式、委托管理或联盟的混合模式……在集团化

2023年11月23日,福州第七中学"同上一堂课,共筑伟大中国梦"城乡一体化专递课堂现场(刘广锋/摄)

办学过程中，福州形成了多样化集团治理格局，让各成员校在教、研、学等方面都享受到更多优质资源。

在创新办学模式的同时，福州积极创新资源布局，"哪里薄弱补哪里"，全市一盘棋优化教育资源配置，赋能重点区域开发建设。在滨海新城、工业（产业）园区高标准建成多所学校。在抓城区教育补短板的同时，力促城乡教育一体化均衡发展，如试点对永泰开展义务教育区域性整体帮扶，市区优质校以"一对一"或"一对二"模式对口帮扶永泰所有中小学；晋安区由12所城区优质校校长任12所山区校法人代表，实现城乡同步教研教学。

截至2023年底，福州市共成立284个教育集团，覆盖1475所公办中小学幼儿园，形成了共享、多元、特色的办学新样

▶ 闽侯县上街实验学校（福州大学附属实验学校）的小学生参加"四点半"校本课程（林双伟/摄）

态，有效推动基础教育优质均衡发展。2023年3月，福州集团化办学经验获中央改革办推广。

随着经济发展，人、车、路数量逐年攀升，交通事故特别是轻微道路交通事故逐年增长。事故虽小，往往带来大拥堵，而且由于处理的时间长、程序烦琐，成为群众的烦心事、揪心事。为破解"警力少出警慢、小事故大拥堵、周期长认定慢、定损繁理赔难"痛点，福建省探索轻微道路交通事故处理改革，围绕事故有效认定、理赔时间缩短、法律支撑等焦点问题深入研究，创新推出了"快处快赔121"机制，只须通过"一次关注、两步操作、一键理赔"的简单操作即可处理。

以一起两车追尾事故为例，当事人关注当地交警微信公众号后，登录"快处快赔121"平台，上传事故现场照片、驾驶证号、车牌号、投保的保险公司、人车合影、损坏部位等内容。值班交警收到警情后，将事故信息录入系统，生成责任认定书，在线发给当事人签字确认。而通过点击"一键理赔"，可在线上与保险理赔员确认定损理赔方案，上传投保人身份证、银行账号，保险理赔员同步完成线上赔付操作，实现当场理赔。此时，当事车辆即可迅速撤离现场，使路面交通恢复正常。

在这一机制下，车辆从发生事故到撤离，一般仅需10分钟左右，而以往每起事故从发生到撤离平均需用30分钟，还带来1千米左右的拥堵车况。而原本需要3个工作日的定责理赔程序，则缩短至30分钟内定责、15分钟内理赔。通过这一机制，"小创新大便捷、省警力聚合力、保畅通防事故"的多赢效果得以实现。目前，这项发端于宁德福安的创新机制已在全省推广应用，还入选了2021年全国政法工作亮点。

（三）把准社会治理风向标

健全社会治理体系是推进国家治理体系特别是国家安全体系和能力现代化的基础性工作。新时代新征程上，健全社会治理体系必须立足中国式现代化历史进程，提升系统性、整体性、协同性，坚持党管社会治理，坚持社会治理为人民、社会治理靠人民，建设人人有责、人人尽责、人人享有的社会治理共同体。

基层治理是国家治理的基石。随着城市现代化进程加快，城市基层治理面临着新的挑战，改革创新势在必行。

办好基层的事情，关键在党。为破除现代城市出现的"封

▶ 厦门思明区鹭江街道禾祥西社区凝聚"近邻"力量，开设国学书法公益课程（鹭江街道/供）

漳州高新区九湖镇大桥社区借助"小板凳微议事"形式,开展"网格微课堂开讲啦"活动,向居民讲解常见的诈骗手段及防范措施(沈昊鹏/摄)

屏南县公安局民警结合"一村一警种"工作化解矛盾纠纷(江松松/摄)

闭型"现代居民物业小区、"松散型"老旧街巷带来的基层治理新问题，福建将"近邻"理念全面融入城市基层党建工作，于2020年11月出台《关于推行近邻党建工作提升城市基层治理水平若干措施》，在全国率先探索把党支部建在小区上，把组织触角从街道社区延伸到小区街巷楼栋，集中力量办大事、办好事。"近邻党建"工作促进了组织与组织"近邻"共建、组织为居民"近邻"守护、居民与居民"近邻"互助的良性互动，形成共建共治共享的城市基层治理新格局。

"有困难找组织，有需要找党员。"在建立党组织的小区，党员的姓名和联系方式都摆在显眼的位置。小矛盾不出楼栋、大矛盾不出社区。据不完全统计，近年来，全省范围内小区党支部牵头解决乱停车、乱搭盖、乱堆物品和物业费管理等矛盾纠纷达3万多起。福建还积极健全完善社区党建联席会议制度，由社区党组织牵头，推动1.7万多家驻区单位、各类企业、社会组织等采取"轮值主席"方式开展议事协商，协调解决治理难题1.3万余件，有效推动各类分散的资源和力量走向融合。

与此同时，党群服务阵地、群众议事平台也日益丰富完善。线上线下结合，福建全覆盖建设社区党群服务中心，延伸建立小区党群服务站点5076个，建好居民身边"议事点"；组建小区党组织书记茶话会、业主恳谈会等议事平台，通过"民声在线""智慧e家"等微信群、APP，引导群众共议小区治理"金点子"。

如今，在福建的社区、小区，逐步形成了党组织统一领导、各类组织积极协同、群众广泛参与的党建引领基层治理有效机制。

而在乡村，村规民约是村民进行自我管理、自我服务、自我教育、自我监督的行为规范。但实践中，村规民约存在内容和制定程序不规范、在基层治理中作用发挥不足等问题，《中华人民共和国村民委员会组织法》仅对此作了原则规定，地方立法有必要予以细化。为此，福建于2023年7月出台全国首部专门规范村规民约的地方性法规——《福建省发挥村规民约基层治理作用若干规定》，将党组织领导下的自治、法治、德治三者有机融合于一纸村规民约，成为完善发展新时代乡村治理体系的一次积极探索。

平安是重要的民生，也是最基本的发展环境。党的十八大以来，福建省着力打造法治强省，扎实推进更高水平的平安福建建设。福建坚持党建引领，省委省政府制定"十四五"平安福建建设规划，连续26年签订平安建设责任书，健全完善纵横联动、各方参与的平安建设格局。坚持以人民群众满意为导向，聚焦"黄赌毒""盗抢骗""黑拐抢""食药环"等反映突出强烈的违法犯罪行为，持续开展区域性治安稳定突出问题排查整治和常态化扫黑除恶工作，严厉打击电信网络诈骗犯罪。近年来福建在弘扬"枫桥经验"方面结合福建实际涌现出诸多典型，推动全省在平安建设中群策群力，提炼出很多接地气的好办法，如建立涉险公共区域安全防护联席会议制度，健全首席法律咨询专家制度，推动完善预防性法律制度，等。

聚焦便民服务、公正司法、社会治理等重点领域，福建推进"数字政法"建设，强化信息化引领，推进政法协同一体化，上线政法跨部门大数据办案平台，有效提升平安福建建设现代化水平。

通过持续深化"大平安""大治理"理念，从严从实从细

漳州市芗城区石亭街道推行城乡社区网格治理"2+N"模式，多举措推动"一村一警"建设（郑文典/摄）

2022年，莆田实行"三官一律"（法官、检察官、警官和律师）全面下沉网格单元，推动基层治理工作重心下沉到底（莆田市委宣传部/供）

做好平安建设各项工作。近年来，福建平安建设绩效稳居全国前列，群众安全感率保持99%以上高位。在2021年12月召开的平安中国建设表彰大会上，泉州市、三明市、福鼎市荣膺"长安杯"，福州市、厦门市、泉州市、三明市被评为"平安中国建设示范市"，福州市鼓楼区、漳州市东山县等6个县（市、区）被评为"平安中国建设示范县"。

民以食为天，食以安为先。2001年，时任福建省省长习近平同志部署开展治理"餐桌污染"、建设"食品放心工程"工作，福建成为全国最先开展食品污染系统治理的省份。

多年来，福建紧握"接力棒"，全省治理"餐桌污染"、建设"食品放心工程"工作已连续24年列入为民办实事项目。福建继率先在省、市、县三级建立治理"餐桌污染"工作联席会议制度之后，又先后建立完善党政主抓、部门主管、企业主

莆田市开展集贸市场专项整治行动。图为城北市场干净整洁的环境（莆田市委宣传部／供）

体、主管主责、人人主人的"五主"责任体系，建立健全分层分级工作机制，落实食品安全责任。

为守住群众"舌尖上的安全"，福建加强源头治理和生产加工监管，出台食用农产品产地准出和市场准入制度，解决长期困扰监管的产地准出与市场准入脱节问题。整合跨地区、跨部门、跨层级数据资源，推动从"数字壁垒"到"共治共享"，以"数治"赋能从"农田到餐桌"食品安全全过程监管，建设食品安全"一品一码"全过程追溯体系，实现"源头可溯、去向可追、风险可控、公众参与"。同时，将信息追溯体系建设纳入《福建省食品安全条例》，并制定《食品安全信息追溯管理办法》，为体系建设奠定法治基础。建立不合格食品"黑名单库"，监督抽检发现不合格食品时，系统将自动禁止该批次食品交易，并对不合格食品予以消费警示。

近年来，福建省主要农产品抽检总体合格率、产地水产品监督抽检合格率、加工食品抽检总体合格率都稳定在98%以上。食品安全工作评议考核获评国家A级，老百姓吃得更放心。

四、锚定党的领导方向

党的领导是全面的、系统的、整体的，必须全面、系统、整体加以落实。改革无论怎么改，坚持党的全面领导、坚持马克思主义、坚持中国特色社会主义道路、坚持人民民主专政等根本的东西绝对不能动摇。十年来，福建始终加强党的领导，坚决贯彻新时代党的建设总要求，把方向，谋大局，聚合力，促落实，推进全过程人民民主实践，健全党建制度体系，完善监督管理机制，为改革发展稳定营造良好政治生态。

（一）搭好"四下基层""连心桥"

"四下基层"，即宣传党的路线、方针、政策下基层，调查研究下基层，信访接待下基层，现场办公下基层，是习近平同志在福建工作期间大力倡导并身体力行形成的工作方法和工作制度，是践行党的群众路线的重大创举。

近年来，福建大力弘扬"四下基层"党建优良传统，开展向谷文昌、廖俊波同志学习活动，持续推进"四下基层"工作，在认识上不断深化、在实践上不断拓展，进一步密切联系群众、畅通民意诉求通道，更好地服务基层群众，做到"知民情、解民忧、办实事、促发展"，干部队伍建设焕发蓬勃生机，干事创业热情得到充分激发，全省上下发展氛围更加浓厚。

2017年7月11日，福州市委宣传部组织观看大型综艺歌舞剧《人民公仆谷文昌》，演出以诗朗诵《廖俊波之歌》拉开序幕（福州市委宣传部／供）

青年干部在古田县苏墩村党群议事长亭收集民情（古田县凤埔乡政府/供）

变"党的政策主张"为"群众自觉行动"。福建省委将宣传党的路线方针政策下基层作为贯彻落实党中央决策部署的前提基础，充分发挥作为习近平新时代中国特色社会主义思想重要孕育地和实践地的独特优势，用好理论和实践"富矿"，深入挖掘、秉承习近平同志在福建工作期间开创的重要理念和重大实践，部署安排各级领导干部到乡村、社区、学校、企业一线推动理论学习，在"大众化"的宣讲中"化大众"，推动党的创新理论"飞入寻常百姓家"。如三明开展"福小宣·明大理"等特色宣讲，用好万寿岩遗址、将乐常口村、沙县俞邦村等特色现场教学点,讲好"一杯米酒""一碗擂茶"等习近平同志关心福建、三明发展的生动故事。全市县处级以上领导班子成员每年都为分管部门、所在党支部或基层干部群众作形势报告、专题讲座或上1次党课。三明通过开展各类宣讲活动,引导广大党员干部做到学思用贯通、知信行统一。

变"群众呼声"为"政策哨声"。福建省委大兴调查研究之风,把调查研究贯穿决策链条全过程,提高调查研究的制度化、科学化水平,于2018年颁行《关于进一步加强和改进省委常委会调查研究工作的八条措施》,从省委常委会自身抓起,每年省级领导到基层调研不少于30天,市县领导不少于60天,掌握在办公室难以听到、不易看到和意想不到的第一

▷ 2022年9月20日,仙游县菜溪乡溪边村的风景——廊桥夜谈,勾起乡土归属感。廊桥议事、人人参与,这是溪边村"夜生活"的常态(陈斌/摄)

漳州市长泰区政务服务中心跑腿办窗口（黄子君/摄）

手资料。泉州积极谋划推行调查研究"访民情、议民生、聚民力、办民事、请民评"的"五步走"工作法，开通"智慧邻里"线上平台，引导党员干部"进邻家门、听邻里言"。根据调研摸排情况，推动机关企事业单位下沉职能部门服务资源2427项、项目资金1.25亿元。通过"四下基层"，各地领导干部和群众一起理思路、议对策，把一件件惠民生的事办实、暖民心的事办细、顺民意的事办好。

变"百姓上访"为"领导下访"。福建把"四下基层"纳入社会治理体系，全面推行"四门四访"（开门接访、进门约访、登门走访、上门回访）制度，创新党政领导"双包双挂"工作模式，建立健全信访积案和突出问题长效机制，实施处理信访事项"路线图"，建立风险评估、积案化解、公开听证等信访工作"七项机制"，在谋民生之利、解民生之忧上出新招、见实效。在南平市顺昌县高阳乡"社情民意接待日"现场,村民周某对这种活动方式表示赞赏。此前,由于多户共用一本林权证很不方便,周某希望能分户改成一人一证。了解诉求后,顺昌县信访局牵头,联系县林业局等相关部门负责人有针对性地"组团下基层",使问题得以顺利解决……福建各级领导干部坚持每月15日和每周一在信访接待场所"开门接访"、定期"进门约访"疑难积案,把信访群众"请上来";带着问题、带着诚意开展登门走访、上门回访,"登门走访"困难群众、"上门回访"未结事项,推动领导干部"走下去",在基层一线解决问题,做到应接尽接、应解尽解。

变"端坐于会场"为"办公于现场"。福建将工作着力点放在基层一线,对关系群众切身利益又久拖未决的问题,现场集中"会诊",特事特办、急事急办。省委省政府连续多年开展"拉练"检查活动,现场协调解决实际问题,推动中央和

泉州惠安税务工作者深入企业讲政策、送服务(惠安县税务局/供)

2023年5月9日,宁德市理论宣讲轻骑兵深入屏南县寿山乡白玉村开展宣讲活动(甘凌艳/摄)

省委决策部署落实到位。福建还专门出台《福建省弘扬"马上就办、真抓实干"优良传统作风若干规定》《关于深化领导干部"四下基层"工作 切实走好新时代党的群众路线的意见》等,推行"发现问题在一线,化解矛盾在一线,工作落实在一线"的"一线工作法",推动形成常态化工作机制。如龙岩市加强党政企互动,认真吸纳民营企业家建议,在市县两级政务服务大厅设立"惠企政策兑现专区",推动实现惠企政策申报透明、规范和高效。

变"基层大舞台"为"作风大熔炉"。福建把基层一线作为培养锻炼干部的基础阵地,广泛开展广大党员干部与群众"四同"(同吃、同住、同劳动、同学习)党性教育实践活动,落实在职党员到社区、小区"双报到"工作机制,推行在职党员"回家日"制度。完善干部考核评价机制,出台深化激

青年干部"四下基层"体验农事劳作（古田县"四下基层"实践综合服务中心/供）

励干部担当作为"新20条"，选派一大批中青年干部参加驻村、对口支援等挂职锻炼，参与疫情防控、防汛抗灾等急难险重任务，把履职尽责、勇于担当贯穿干部选拔任用全过程。在宁德，分批组织年轻干部到农村开展实践锻炼，每批时间跨度为3个月，每月集中开展5天左右，累计不少于15天，计划3年内实现全市35岁以下没有乡村工作经历的年轻干部实践锻炼全覆盖。

在学习贯彻习近平新时代中国特色社会主义思想主题教育中，福建深化运用"四下基层"制度，常态化开展"我为企业解难题""我为群众办实事""我为基层减负担"等活动，集中精力为群众解决就业、教育、医疗等突出问题2万多件。

（二）畅通社情民意"直通车"

党的二十届三中全会指出："发展全过程人民民主是中国式现代化的本质要求。必须坚定不移走中国特色社会主义政治发展道路，坚持和完善我国根本政治制度、基本政治制度、重要政治制度，丰富各层级民主形式，把人民当家作主具体、现实体现到国家政治生活和社会生活各方面。"

福建聚焦发展全过程人民民主，把党的领导、人民当家作主、依法治国有机统一起来，始终使立法的过程成为党领导人民探索法规制度与地方实际相匹配的过程，成为寻求人民群众法治意愿最大公约数的过程。

作为一种将基层群众参与直接引入立法过程，拓宽社会各方有序参与立法的途径和方式，基层立法联系点被称为立法"直通车"。2015年底，福建省人大常委会开始设立基层立法联系点，广泛征求对制定立法工作计划、立法规划、具体法规草案以及法规实施情况的意见建议。目前，福建省人大常委会设有23个基层立法联系点，9个设区市也均已设立基层立法联系点，共计72个。

各联系点通过设立联络员或信息员等方式，畅通立法机关与社会公众的联系渠道，实现群众性与专业性的有机结合。如，军门社区吸纳辖区各单位中有工作经验、热心立法工作的党员、人大代表、政协委员、法律顾问等作为基层立法联系点的联络员和联系点成员；建宁县均口镇政府利用圩日，在学校、医院、超市、市场以及人口流动较为密集的地方设置流动立法建议收集箱，让信息收集渠道分布得更广泛；长汀县人大常委会整合县级司法部门力量，成立由法官、律师、司法所所长等法律专业人员组成的法律专家组，使基层立法联系点提出的意见建议更加精准。

2023年5月，新修订的《福建省消防条例》获得通过。在条例修订过程中，省人大常委会就立法核心制度等向基层立法联系点征求意见建议，如就企业单位消防安全责任履行情况及困难征求福建盼盼食品集团意见；就消防安全相关审批服务

▶ 2023年，省人大常委会新增设海丝中央法务区福州片区为基层立法联系点（海丝中央法务区福州片区／供）

征求福州市行政（市民）服务中心意见；就基层消防救援队伍及设施建设情况征求连江县黄岐镇、建宁县均口镇政府等意见……目前，省级地方性法规征求意见已常态化，覆盖所有联系点，2023年共25项法规草案征求有效意见建议98条，采纳22条，并正式反馈采纳情况。

随着联系点数量的增加和联系形式的丰富，立法特别是"小切口"立法成了群众"身边事"，一项项制度、一款款法条、一部部法规，在人民群众反复讨论中落地生根。

"天下有定理而无定法。"近年来，随着人民群众的立法需求更加多元化、具体化、微观化，福建省注重"拾遗补阙"，充分发挥地方立法的补充性和探索性功能，着力解决国家法律法规尚未加以规范，而群众生产生活迫切需要通过立法加以规范的问题，通过"小切口"立法的形式进行补充完善。按照"单一直接、突出重点、明确管用"的立法思路，形成"小视角、小体量、灵活快速"立法新形式，连续出台多部"短小精悍"的地方性法规，在全国率先对餐饮服务从业人员佩戴口罩、促进首台（套）技术装备推广应用、禁止中小学幼儿园学生携带手机进入课堂、发挥村规民约基层治理作用等方面进行专项立法，有效填补相关立法空白。

技术装备是产业升级和科技进步的重要支撑，对推动新质生产力形成具有重要作用，而首台（套）技术装备则是体现装备制造业高质量发展水平的重要标志之一。2024年审议通过的《福建省促进首台（套）技术装备推广应用条例》，是全国首部关于首台（套）技术装备推广应用的地方性法规，共17条，以小视角、小体量的"小切口"立法形式，针对首台（套）技术装备推广应用中的"难点""痛点"出招，致力于推动解决先进技术装备更新迭代、推广应用中体制机制障碍等企业发展中遇到的"大问题"，通过政府促进与市场机制相结合，引导社会各界为首台（套）技术装备的推广应用"扶一把、送一程"，加快推动福建装备制造业健康规范发展。

在该条例立法过程中，福建将全过程人民民主贯彻到各环节各方面：建立立法专班，密切配合、协同推进、形成合力。多次与提案代表联系沟通，认真听取意见；深入数十家企业，特别是获评首台（套）技术装备的企业或者已申请但尚未获评定的企业，以及基层立法联系点、人大代表联系群众活动室等开展调研，召开代表座谈会、企业家座谈会，面对面听取意见建议；征求各地相关企业的意见建议，通过互联网征求人民群众意见，全面了解推广应用工作中存在的困难和问题；组织召开专家座谈会，认真听取专家学者意见；法规草案在上会审议前，征求省人大常委会所有组成人员的意见建议；对调研收集到的意见建议，逐一分析研究，确保法规高质量、高效率提请省人大常委会会议审议。

目前，福建在省级层面已制定了5部"小切口"立法，两部法规只有4条，其他3部法规分别为5条、9条和17条，其中3部法规为一审表决通过，2部为二审表决通过，立法效率大大提高。

民生实事项目事关群众福祉。福鼎市麻坑里片区地处城乡接合部，近3万人在此定居。长期以来，交通和环境等问题困扰着这里的居民。该市人大代表在走访联系群众时广泛收集意见，经政府协商、人民代表大会投票表决，这一片区的道路及污水管网改造被列入福鼎市民生实事项目清单，并于2023年底完工。项目建设期间，当地专门组织市人大代表开展民生实事票决制项目视察活动。代表们通过实地视察、听取介绍等方式，听取群众诉求，全面了解项目建设情况，并对项目建设质量、安全等提出建议，保证项目建设顺利进行，切实履行了"民之所望，政之所向"的宗旨。

"在中国，民主是具体真实、充分表达、有序有效的。"2024年5月27日，泰国重要农业文化遗产系统管理学习班学员在观摩了福鼎市对这个民生实事的解决过程后，由衷赞叹。

民生实事项目人大票决，源于为民办实事工作。习近平同志在担任福州市委书记、市人大常委会主任时，领导和推动福州市人大每年开展为民办实事工作检查。福州市委市政府每年年底通过媒体，让群众选出10件当年办得最满意的实事、10件群众希望下一年办的实事。福州市人大积极参与，跟进监督。习近平同志在福州工作期间开展为民办实事工作的重要理念和重大实践，成为民生实事项目人大票决工作的重要源头。在福建，2018年，福鼎市于县级层面率先开展民生实事项目票决工作，6年来共票决确定民生实事项目37个；2019年，龙岩市制定关于乡镇人大重大民生实事项目代表票决工作的实施办法，现已实现乡镇人大票决工作全覆盖和常态化；2020年，福州市在设区市层面率先开展为民办实事项目票决工作。

2023年7月27日，顺昌县元坑镇立法联系点召开《南平市城市防洪排涝管理办法（草案征求意见稿）》意见建议征集会（廖肖娟／摄）

2023年，福建省开展"发展全过程人民民主，推广民生实事项目人大票决工作"专题调研，推动市县人大相继出台文件，加快推进民生实事项目人大票决工作。目前，福州、厦门在市级层面开展了民生实事项目人大票决工作，漳州、泉州、三明等地在部分县、乡人大层面开展票决工作。各地票决的民生实事项目，涉及教育、医疗、文化、养老、环境卫生、城市建设、道路交通等方面的短板，解决了一大批群众最关心、最直接、最现实的急难愁盼问题，实现了"为民作主"变为"由民作主"、"政府配餐"变为"群众点餐"、"事后监督"变为"全程参与"的转变，进一步发挥人大职能作用，拓展全过程人民民主实践。此外，福建省人大常委会还加强全口径预算审查监督和国有资产、地方政府债务管理监督，积极完善监督机制、创新监督方式、拓展监督重点，使监督更有力度、更具权威。

反映社情民意信息是人民政协重要的经常性、基础性工作，是履行政治协商、民主监督、参政议政职能的重要方式，也是政协委员的重要职责。界别群众在哪里，政协委员履职工作就推进到哪里。位于三明北部新城的金澜湾幼儿园、贵溪洋小学相继建成投用后，因为未设置交通信号灯，旁边金澜湾十字路口的出行安全逐渐成为市民关注的痛点问题，部分市民呼吁增设红绿灯。2023年5月，三明市政协组织"12345热线中心政协委员工作站"，针对"金澜湾十字路口设置红绿灯"这一诉求开展点题协商。实地考察后，驻站政协委员们一边收集整理群众意见，一边开展走访调研，并多次邀请市城管局、市自然资源局、交警大队、城发集团等有关部门参与协商，最终商定在8月底前完成红绿灯设置并投入使用。红绿灯如约亮起后，市政协又组织驻站委员到实地开展协商成果回头看活动，对教师、家长及周边居民进行回访，收集群众意见建议。

这是福建省探索推动政协委员联系服务界别群众机制的成果之一。

近年来，福建省不断完善政协委员联系界别群众的机制，形成一批可供推广的"联系界别群众"工作经验。如，福州打造"榕你来商量"基层协商品牌，依托委员联系点，组织政协委员、党政部门、界别群众代表开展"微协商"；厦门创建"鹭力同心"委员联系点，让界别群众感到"委员真联系、联系真管用"；三明构建"委员工作站（室）+界别议政厅+乡镇联络组"全链条、多层次履职平台，开展"确定议题—开展调研—组织协商—跟踪办理"闭环式工作机制；宁德打造"行知

福建省政协提案委分党组在政协委员联系点开展活动（阙世贤／摄）

课堂"界别工作平台,与界别群众面对面沟通。截至目前,全省共建立了1137个各具特色的委员联系点。

2023年以来,福建省按照"委员点题、对口协商、凝聚共识、促进发展"工作思路,开展"点题协商十百千"专项活动,打通政协委员联系群众、助力群众利益诉求解决的"最后一公里"。

从细处着手,把工作做到群众的心坎上,点题协商清单无不聚焦群众最关心的难点、痛点、堵点。"点"得精准,"商"得深入,一批点题协商建议受到重视和采纳,上升为政策规划,转化为具体工作举措。近年来,"关于小区居民电动车充电安全问题的建议"被相关部门采纳,推动《福建省消防条例》修订时对电动车停放、充电、消防安全管理等作出具体要求,促成越来越多小区安装智能充电桩;"关于规范福建省老旧小区电梯安装的建议"推动了《福建省物业管理条例》的修订完善;"关于加快推进农民工市民化的建议"推动改善农民工住房条件,将农民工纳入公租房保障范围,与城镇居民享受同等住房保障政策……目前,这项创新机制鼓励推动了省市县三级政协委员共4185人次参与,提交调研报告、提案、社情民意信息等5331件,开展协商座谈1452场次,共解决群众急难愁盼问题2711个。同时,此项创新机制还被中央改革办向全国宣传推介。

近年来,福建持续构建大统战工作格局,按照"党委出题、党派调研、政府采纳、部门落实"参政议政模式,创新提出"民主监督+考察调研+政党协商"工作机制,引导省各民主党派、工商联和无党派人士积极参政履职,为省委省政府科学决策、精准施策提供重要参考。三年来,累计形成专项民主监

> "于山季谈"：1990年，时任福州市委书记习近平开创了中共福州市委与福州市各民主党派、工商联负责人的季度谈话座谈会制度，因座谈会每个季度在于山宾馆举行而得名。
>
> "琅岐谈心"：1999年夏，时任省委副书记习近平专门邀请省各民主党派、工商联负责人到福州琅岐岛上一对一谈心。

督调研报告60篇，反馈意见建议610条。

同时，立足发挥统战职能作用，汇聚统战资源力量。2022年5月以来，福建持续深化习近平同志在闽工作期间开创的"于山季谈""琅岐谈心"等工作机制，创新开展"同心·半月座谈"活动，活动每月2期，每期确定1个主题，邀请党外代表人士聚焦高质量发展的重大问题、群众关注的民生问题和统战领域重点难点问题进行协商交流。

座谈是"随堂考"，也是"办公会"，一般结合会议、民主协商、调研、沙龙、论坛、书面交流等活动开展，参加人员除了重点联系的党外代表人士，有时也增邀省直有关单位和统战团体负责人、专家学者等参加。会后及时梳理汇总座谈会上的意见建议，需要办理的事项向有关部门反馈，重要成果则形成专报向上报送。

同心同德，同向而行。这项"碰头会"，现已催生了"百校万岗·同心就业"行动、同心·天马民办职业教育基金、民企项目和产业资本现场对接、进一步优化涉侨服务的措施等一批看得见、摸得着的成果。

（三）夯实监督体系"压舱石"

查处个体医疗机构违法违规执业行为，解决社会事务加重中小学师生负担问题……2024年，福建围绕纠治重点行业、重点领域漠视侵害群众利益问题，创新"群众点题、部门答题、纪委监督、社会评价"的工作机制，继续公布年度"点题整治"项目及整治重点、监督方式。这种做法已连续开展了4年。

"点题整治"开展以来，推动职能部门解决群众急难愁盼问题158362个，各级完善制度1384项，群众对"点题整治"的满意率和支持率都在90%以上。如整治"医疗机构不合理重复检查"问题，推动全省240家公立医院接入医学检查检验结果共享互认平台，累计互认检查检验项目2.63亿项次，节约检查费用121.9亿元，覆盖1.35亿就诊人次，相关做法得到李强总理批示肯定，并在全国推广。

　　"点题整治"是福建省近年来加强高质量监督的一个缩影。2014年以来，福建省"严准实稳"推动全面从严治党向纵深发展，健全政治监督具体化精准化常态化机制，建设小微权力监督平台，健全为基层减负长效机制，防止监督泛化虚化。

　　政治监督方面，针对监督重点发散、苦无抓手的问题，建立完善"知、督、促"工作机制，梳理建立并动态更新习近平总书记重要指示批示精神落实情况监督台账，点面结合开展监督，实行"一季一更新、半年一报告、全年一盘点"。同时，坚持分地域分领域分层级分阶段开展监督，在2023年确定护航乡村振兴等51个选题基础上，2024年又围绕"习近平总书记对本地区本部门的重要指示批示、营商环境、生态环境、乡村振兴"四大类主题，结合各地区各单位实际立项式监督、项目化管理。以营商环境监督为例，省纪委监委督促指导各设区市（含平潭、福州新区）纪委监委、22个派驻纪检监察组聚焦要素环境、政务环境、市场环境、法治环境，深入排查"一把手"等"关键少数"违规插手干预市场经济活动，涉企服务中懒政怠政、办事中梗阻、不担当不作为等作风问题，减税降费等政策落实问题，助力提升市场化、法治化、国际化营商环境水平。

基层监督方面，积极建设小微权力监督平台。为破解基层监督力量"人少事多"困境，福建省纪委监委探索"微信群+小程序+管理后台"模式，以公开信息、实时直播等方式，把村集体"三资"管理、工程招投标等权力运行全程"晒"在群众手中，保障群众知情权、监督权，形成"人人都是监督员"的局面，打通监督"最后一公里"。目前，平台集公示公开、投诉举报、统计分析功能于一体，已接入微信群4万多个、入群人数1000万人左右（占全省人口四分之一），通过群众入群、干部用群、纪委巡群，推动及时解决群众关心关注的民生问题，深挖治理背后的风腐问题，成为全省小微权力监督乃至基层治理的重要抓手。平台运行以来，已公开村务、"三资"等信息300多万条，直播村集体资产资源交易、小型工程招投标等26万余场，收到各类投诉诉求25.4万余件，办结25.3万余件，运用平台发现和查处责任、作风、腐败问题676件，批评教育和处理1023人，其中给予党纪政务处分414人。

监督发力，还在于为基层"减负松绑"。福建针对形式主义、官僚主义等困扰基层干部群众的突出问题持续发力，推动整治取得实效。

2024年4月，福建省委常委会专门审议通过破解基层治理"小马拉大车"突出问题的工作措施，明确7个方面20条细化措施，"为车减负"和"为马赋能"双向发力。推进党群服务中心规范化建设，突出实用合理、因地制宜设置党建服务、协商议事、关爱帮扶等八大功能；规范村社区综合设施场所外部挂牌，对职权相近的牌子进行整合归并。截至2024年5月底，全省共清理村社区"滥挂牌"5万多块。坚

福州仓山区中天社区智慧平台（邹家骅/摄）

持源头治理、上下联动，全省乡镇（街道）重点突出基层党建、社会治理、公共卫生、生态保护、民生保障、应急处置六大职能，编制公布了权责清单、县乡"属地管理"事项责任清单，把职责事项搞清楚。省级层面对下督检考事项连续5年保持在18项，严格控制考核频次，将干部切实从数据、报表、材料中解放出来。强化数字赋能基层治理，让数据多跑路、群众少跑腿，以信息化手段推动基层减负增效。如莆田市建成"全市一张图"数字治理平台，将来自56个部门的446个核心业务融入一张图，推行"网格采集、镇街派单、部门报到"响应机制，市县两级可及时了解一线情况，实现调度一键响应；镇街、村居、网格可全面动态掌握辖区情况，实现态势一图感知。漳州市创新打造"共享民意"系统，开发"芗里芗亲"APP；福州市"马上就办"引领政务服务一网好办、全城通办；三明市在"e三明"APP上线运行"e督查"，开启"互联网+督查"新模式；泉州市数字政务门牌触达群众"家门口"。

十年来，福建充分发挥国家生态文明试验区、海峡两岸融合发展示范区、经济特区、自贸试验区、综合实验区、21世纪海上丝绸之路核心区等多区叠加带来的发展机遇，深化体制机制改革，破除障碍，朝难点上，向深处改，涌现出医改、林改等多项体制机制改革品牌，并在全国推广，凸显了新时代新福建在深化改革、服务全国大局方面的责任与作为。

2024年10月15日至16日，习近平总书记在福建考察时强调，要在全面深化改革、扩大高水平开放上奋勇争先。聚焦重点领域和关键环节，突出经济体制改革牵引作用，继续大胆试、大胆闯、自主改。坚持"两个毫不动摇"，创新发展"晋江经验"，充分激发全社会投资创业活力。聚焦人民群众所思所想所盼，优先抓好民生领域各项改革。深入实施自由贸易试验区提升战略，主动对接区域重大战略，深度融入高质量共建"一带一路"，打造21世纪海上丝绸之路核心区，巩固拓展国内国际双循环的重要节点、重要通道功能。建设好两岸融合发展示范区。要在推动区域协调发展和城乡融合发展上作出示范。健全深化山海协作机制，加强山海统筹、强化功能互补……深化整治形式主义，切实为基层减负。全面落实"四下基层"制度，走好新时代党的群众路线，提升党建引领基层治理效能。

未来，福建将深刻领悟习近平总书记对新征程福建改革发展的战略指引，继续着力"机制活"，发扬福建人敢为人先、爱拼会赢的开拓创新精神，着眼大局所需、福建所长、未来所向，在服务国家战略、发挥特色优势、补齐发展短板中彰显担当，探索更多可复制的改革创新举措，释放更多的改革活力和红利，奋力争创改革开放引领地，奋力谱写中国式现代化福建篇章。

第二章

百业升级势更优：
从"产业优"透视新福建

"数字应用第一省"建设提速快跑、"海上福建"建设乘风破浪、绿色经济发展壮大、文旅经济提质增效、生态环境"高颜值"和经济发展"高质量"协同并进……十年间,福建省立足特色优势,统筹抓好数字经济、海洋经济、绿色经济、文旅经济等,加速发展新产业新经济,加快推动传统产业转型升级,着力打造一批百亿元龙头企业、千亿元产业集群、万亿元主导产业,初步形成了以先进制造业和现代服务业为主体、特色现代农业为基础的现代产业体系,"产业优"迈出新步伐。

一、着眼"强产业",提升经济发展总体水平

产业是经济之本、发展之基、财富之源。十年来,福建紧紧围绕推进中国式现代化这个最大的政治,牢牢把握高质量发展这个首要任务,把全面深化改革、扩大对外开放作为根本动力和源泉,奋力推进中国式现代化福建实践取得更大突破。筑牢实体根基,努力提升产业体系现代化水平,产业升级步伐加快,产业集聚效应显现,产业生态持续优化,各类经营主体千帆竞发、共生共赢,一幅产业兴旺的中国式现代化壮丽画卷在八闽大地徐徐展开。

(一)经济综合实力大幅跃升

2014年,世界经济复苏曲折、缓慢,增长速度换挡期、结

构调整阵痛期、前期刺激政策消化期"三期叠加"的路障被设在国内经济发展的快车道上，在爬坡过坎路段如何安全提速和突围，成为摆在福建面前的重要课题。在中央一系列支持福建加快经济社会发展的政策措施的助力下，福建把加快科学发展落实赶超作为全省经济中心的工作，全面深化改革，努力实现速度、结构、质量、环境的协调发展，推动经济综合实力迈上新台阶。

2014年，福建省实现地区生产总值24942.07亿元，同比增长9.9%。至2024年，根据初步统计，全省地区生产总值达57761亿元，增长5.5%。

2014—2023年，福建省地区生产总值年均增长7.1%，比国内生产总值年均增长率高1.2个百分点。全省地区生产总

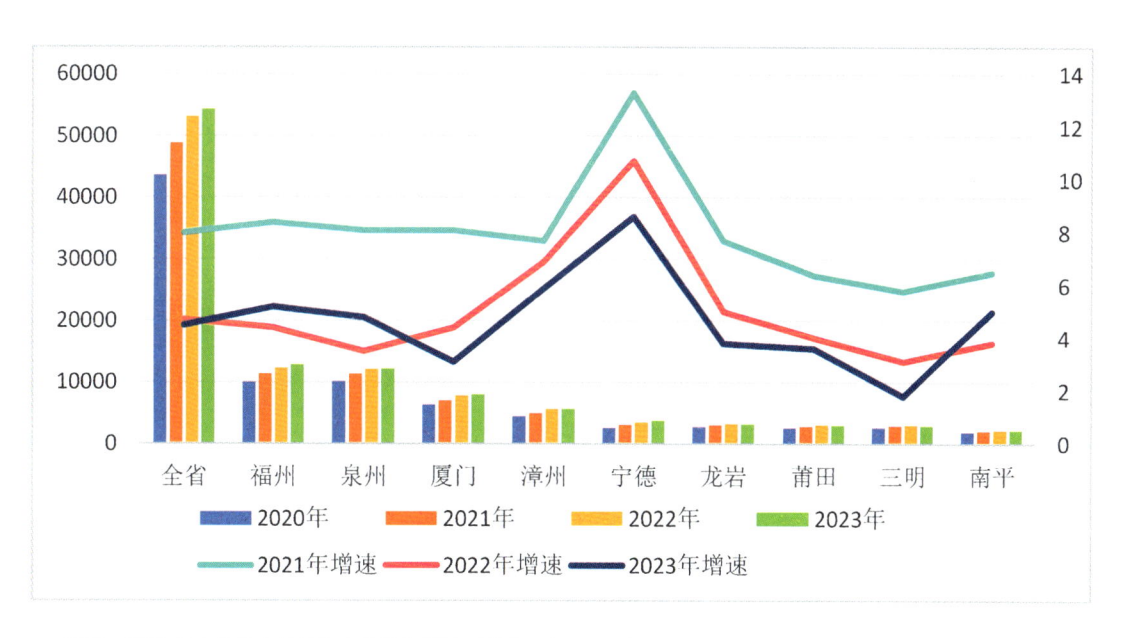

2020—2023年全省各市地区生产总值与增速（单位：亿元、%）
数据来源：国家统计局、福建省统计局与各地市统计局资料整理

2014—2024年全省地区生产总值与增速（单位：亿元、%）
数据来源：福建省统计局

值连跨3个万亿元台阶，在全国位次从第11位持续提升至第8位。

伴随着经济总量持续增长，人均地区生产总值也稳步提升。2014年福建省人均地区生产总值63709元，折合10333美元，首次超过1万美元，这是继天津、北京、上海、江苏、浙江、内蒙古、辽宁后，第8个人均地区生产总值突破1万美元的省份，在全国的位次为第6位。2019年福建省人均地区生产总值首次突破10万元，达102722元。2023年全省人均地区生产总值129865元，比上年增长4.5%，在全国位次保持第4位，仅次于北京市、上海市、江苏省。2014—2023年，福建人均地区生产总值的平均增长速度为6.3%，比人均国内生产总值增速高0.7个百分点。

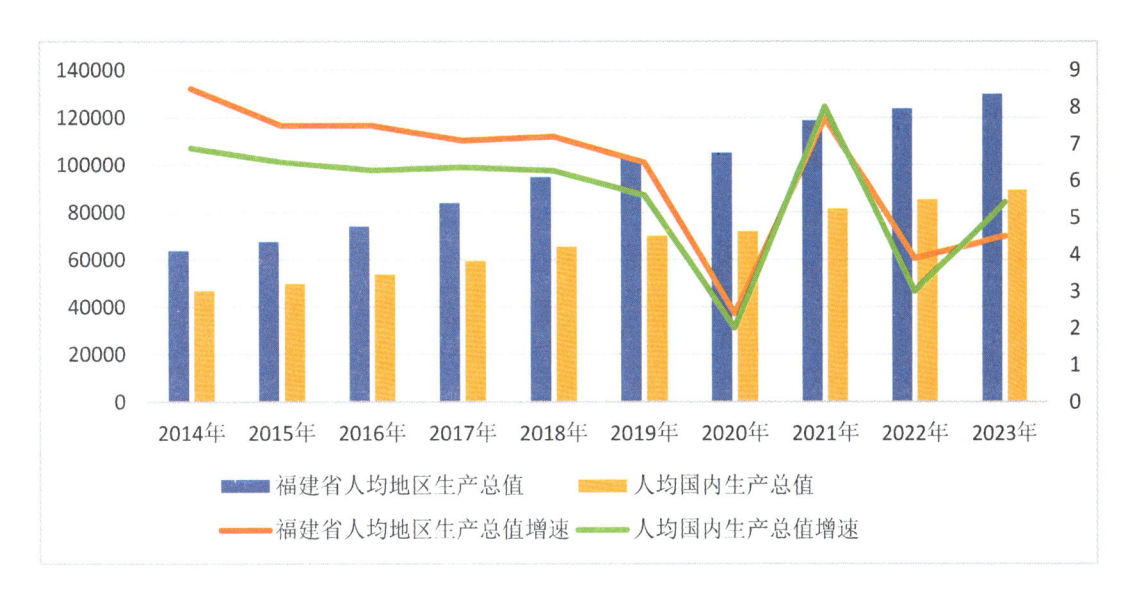

2014—2023 年全国、福建省人均地区生产总值与增速（单位：元、%）
数据来源：国家统计局及福建省统计局

（二）产业结构持续优化

端牢饭碗、强健筋骨、更换新装，这是福建产业结构的真实写照。从2014年到2024年，福建的三次产业结构由7.4：52.8：39.8优化为5.6：42.8：51.5，特别是2023年第三产业占比首次达到50%，标志着福建已初步形成了以先进制造业和现代服务业为主体、特色现代农业为基础的现代化产业体系。

从2014年的产业结构来看，第一产业增加值为1855.85亿元，占地区生产总值的比重为7.4%，第二产业增加值为13165.07亿元，比重为52.8%，第三产业增加值为9921.15亿元，比重为39.8%。第一产业占比较上年同期下降0.3个百分点，第二产业占比较上年同期提高0.3个百分点，第三产业占比较上年同期持平。从2014年投资结构看，服务业投资占比提升，全年服务业投资占固定资产投资的比重为62.2%，比上年提高1.2个百分点；民间投资保持活跃，民间投资占固定资产投资的比重由上年的56.9%上升至59.1%。

从2024年的产业结构来看，第一产业增加值3287.67亿元，占地区生产总值的比重为5.6%，第二产业增加值24713.16亿元，占比为42.8%，第三产业增加值29760.19亿元，占比为51.5%。2014—2024年，第一、二、三产业增加值均保持上涨，但三次产业结构更加优化，第一产业占地区生产总值的比重下降1.8个百分点，第二产业增加值占地区生产总值的比重下降10个百分点，第三产业增加值占地区生产总值的比重提高11.7个百分点。2024年全省固定资产投资同比增长3.9%，第一产业投资同比增长16.6%；第二产业投资同比增长14.5%，其中，制造业投资同比增长12.6%，基础设施投资同比增长12.5%。全省设备工器具购置投资同比增长20.7%，增幅高于全部投资16.8个百分点。

表1 2014—2024年全省三次产业结构情况

年份	三次产业结构（比值）	年份	三次产业结构（比值）
2014	7.4∶52.8∶39.8	2020	6.3∶46.2∶47.5
2015	7.2∶51.2∶41.6	2021	5.9∶47.0∶47.1
2016	7.2∶49.6∶43.2	2022	5.9∶44.7∶49.4
2017	6.6∶48.1∶45.3	2023	5.9∶44.1∶50.0
2018	6.1∶48.7∶45.2	2024	5.6∶42.8∶51.5
2019	6.1∶47.4∶46.5		

数据来源：国家统计局及福建省统计局

二、确保"一产稳",守好农业压舱石

福建"八山一水一分田",人多地少,耕地资源更少,粮食自给率低,但有着丰富的海洋资源和森林资源,自古以来就有经山耕海的传统,有爱拼才会赢、精益求精的精神特质,发展农林牧渔业具有良好的基础和条件。习近平总书记指出:"农业强国是社会主义现代化强国的根基。"十年来,全省农业农村发展保持稳中有进、稳定向好的良好态势,为全省发展大局发挥了"压舱石"作用。

(一)现代农业稳步发展

乡村要振兴,山海作答卷。在福建,山有"粮"、海有"鱼",是农业产业保持较快增长的重要"秘籍"。

2014年,全省实现农林牧渔业总产值3247.11亿元,全年粮食总产量520.43万吨,水果产量790.85万吨,茶叶产量37.21万吨,食用菌产量104.25万吨,肉蛋奶总产量294.83万吨,生猪出栏、存栏分别下降4.9%和11.3%;水产品产量644.23万吨。省级以上现代林业示范基地18.3万亩、省级现代渔业产业园区20个;428家省级以上重点龙头企业销售收入2131.68亿元。

十年不长,福建的变化却有沧海桑田之感。2024年,全省农林牧渔业总产值5854.87亿元,按可比价计算比上年增长3.4%。分行业看,农业产值比上年增长4.3%,林业产值增长

4.5%，牧业产值增长1.7%，渔业产值增长2.9%。全省粮食产量比上年增长0.7%，蔬菜产量增长3.4%，食用菌产量增长4.8%，茶叶产量增长5.0%，园林水果产量增长5.7%，木材产量增长2.5%，肉蛋奶总产量增长2.2%。2024年全省农村居民人均可支配收入28525元，是2014年的2.25倍，城乡居民收入比从2014年的2.43缩小到2024年的2.06。

随着农业科技创新持续发展，特色现代农业发展态势良好，形成了茶叶、蔬菜、水果、畜禽、水产、林竹、花卉苗木、食用菌、乡村旅游、乡村物流等一批特色农业全产业链，打响"福字号"优质农产品品牌。

人多地少、粮食自给率仅23%的福建，是我国第三大粮食

位于连江定海湾的"百台万吨"生态养殖平台，平台是主体为整体框架式的海上养殖设施，主要用于大黄鱼等经济鱼类养殖使用，预计可达1万吨野生大黄鱼的年产量（林汉伟/摄）

主销区。缺粮省如何端牢"饭碗",守好"粮仓",这是一个现实的问题。

十年来,福建严格落实粮食安全党政同责,成立贯彻落实粮食安全责任制领导小组,省、市、县相应建立工作机制,逐级签订耕地保护和粮食安全责任书,落细落实粮食安全责任,粮食生产在有限的耕地条件下实现稳定增长。2014年全省粮食播种面积1797万亩,亩产371千克。到2023年,全省完成粮食播种面积1262万亩,产量511万吨,亩产405千克;建成谢华安院士专家团队科技特派员工作站、再生稻科技小院等科创平台,机械化再生稻种植面积达7万亩。重要农产品稳中有增,农产品质量安全有效保障。推进农产品标准化生产,8个

2014—2024 年全省第一产业增加值总值与增速（单位：亿元、%）
数据来源：福建省统计局

2014—2024 年福建省农林牧渔业总产值与增速（单位：亿元、%）
数据来源：福建省统计局

基地入选第一批国家现代农业全产业链标准化示范基地创建单位。农产品质量安全监测总体合格率保持全国前列。十年来，全省粮食播种面积基本稳定在1250万亩，总产量稳定在500万吨，单产水平稳步提升，较2013年增长7.2%。

表2　2014—2023年福建省粮食产量与增速

年份	粮食产量（万吨）	比上年增长（%）	年份	粮食产量（万吨）	比上年增长（%）
2014	520.43	−2.7	2019	493.90	−0.9
2015	500.05	−3.9	2020	502.32	1.7
2016	477.28	−4.6	2021	506.42	0.8
2017	487.15	2.1	2022	508.70	0.5
2018	498.58	2.3	2023	510.97	0.4

数据来源：国家统计局及福建省统计局

十年间，福建深入践行大农业观、大食物观，不断完善多元化食物供给体系，全省重要农产品产量稳中有增，"菜篮子"产品日益丰富，质量安全有效保障。在产量方面，2014年全省蔬菜产量1697.10万吨，茶叶37.21万吨，水果790.85万吨，食用菌104.25万吨，肉蛋奶总产量254.50万吨。到2023年，全省生猪、肉鸡、蛋鸡等主要畜禽品种养殖规模化率居全国前列，实现省内猪肉基本自给，肉蛋奶总产量达到400万吨，提前实现"十四五"产能目标。菜果茶菌等农产品量足质优，40%以上冬春蔬菜调供省外，成为全国七大"南菜北运"和主要出口蔬菜省份之一；茶叶单产水平、品牌数量、龙头企业户数、全产业链产值保持全国领先，柑橘、橄榄、龙眼等水果产量居全国前列，食用菌栽培种类全国最多、9个品类产量为全国"单打冠军"。挖掘森林粮库，坚持"山上戴帽、山下

南安市水头镇五化农田示范基地全景（陈小阳/摄）

开发"的综合开发、立体开发模式，加快发展林下经济，全省林下经济产值达830亿元，竹笋产量140万吨、居全国第一。建设"海上粮仓"，像重视耕地一样重视海域，像抓粮食生产一样抓海洋开发，水产品人均占有量突破200公斤、居全国第一，大黄鱼、鲍鱼、海带、牡蛎等多个品种养殖产量居全国首位。在质量方面，推进农业标准化生产，创建8个国家现代农业全产业链标准化示范基地。建成农资监管信息平台，将全省1.3万家农药、兽药、肥料、种子、饲料和饲料添加剂生产经营企业纳入平台在线监管。率先建立、推行食用农产品承诺达标合格证与"一品一码"追溯并行制度，将近3万家食用农产品生产主体纳入监管，基本实现农产品质量安全即时可追溯，农产品质量安全监测总体合格率保持全国前列。

（二）推动特色现代农业提质增效

十年间，福建努力促进农业生产高质高效，打响特色牌，走好特色路。福建省做好"土特产"文章，不断培育特色优势农业产业，充分发掘地方特色绿色优质农产品积极申报全国名特优新农产品，把"小特产"做成了"大产业"。按照做好"土特产"的要求，在"十四五"期间，实施特色农业高质量发展"3212"工程，力争建设30个现代农业产业园、20个优势特色产业集群、100个农业产业强镇和2000个"一村一品"专业村，构建乡村特色产业体系。到2023年，全省已累计创建省级以上现代农业产业园31个、优势特色产业集群20个、农业产业强镇91个，"一村一品"专业村970个，形成农业特色产业百亿元强县15个、十亿元强镇124个、亿元村252个，一大批地方"小品种"成为农民增收"大产业"。积极拓展农业功能，抓好农村电商、休闲农业、乡村旅游等新产业新业态，累计培育6个全国休闲农业重点县、76个中国美丽休闲乡村，茶叶、水果、蔬菜、畜禽、食用菌等乡村特色产业全产业链升级、全价值链提升。

在重点推进茶叶、水果、蔬菜、食用菌、林竹、畜禽、水产等特色产业发展基础上，培育、打造"福农优品"。2023年，全省首批"福农优品"百品榜，启用品牌管理数字化平台，出台品牌标识管理办法，将省内名牌农产品、绿色有机农产品、名特优新农产品等70个县（市、区）3000多个绿色优质农产品纳入管理，打造品牌矩阵，培育成为农产品金名片。市场调研数据显示，"福农优品"产品销售量较市场上的一

"一村一品"是指在一定区域范围内，以村为基本单位，按照国内外市场需求，充分发挥本地资源优势，通过大力推进规模化、标准化、品牌化和市场化建设，使一个村（或几个村）拥有一个（或几个）市场潜力大、区域特色明显、附加值高的主导产品和产业。

般产品多出20%。未来,"福农优品"将强化产品源头品质管控,建立白名单制度,设立准入门槛,让"福农优品"成为消费者信得过的绿色优质农产品品牌。随着"福农优品"品牌影响力持续扩大,全省遴选推介10个福建农产品区域公用品牌、32个福建名牌农产品,在央视一套、东南卫视等媒体投放专题宣传片,与主要电商平台联合开展推广活动,开设高速公路服务区、加油站商品专柜、大型购物超市体验中心等线下平台,"福农优品"区域公用品牌的品牌影响力、竞争力不断增强。

(三)拓展农业交流合作与对外开放

从创建海峡两岸农业合作试验区,到设立台湾农民创业园、闽台农业融合发展产业园;从1981年大陆第一家台资农业企业落户漳州诏安,到如今全省3000多个台资农业项目落地建设……40多年前,闽台农业"破冰"先行,合作早、步子大,为两地融合发展架起重要桥梁。当前,福建正积极落实农业农村部出台的《关于农业农村领域支持福建探索海峡两岸融合发展新路的若干措施》,积极探索海峡两岸农业融合发展新路,建设台湾同胞来大陆投资农业的"第一家园"。到2023年,全省累计有3047个台资农业项目落地建设,合同利用台资46.4亿美元,农业利用台资数量和规模保持大陆各省、自治区、直辖市第一。截至2023年,6家国家级台湾农民创业园已连续6年包揽国家考评前六名。厦门市大力推进两岸种业发展集聚区建设,每年从台湾引进选育蔬菜新品种150个以上,花椰菜、鲜食玉米、小番茄等优质种子国内市场占有率超过60%,成为台湾种子种苗进入大陆的"中转地"。2024

三明市三元区忠山村大力发展果蔬产业（曹建平/摄）

年6月,第十六届海峡论坛·两岸特色乡镇交流对接暨农业农村融合发展论坛在龙岩漳平举办,全省累计有300多个乡镇与台湾开展乡镇对接交流,在漳州设立海峡两岸新型农民交流培训基地,两岸基层交流交往日益向多层次、宽领域拓展。

泉州市惠安县在全国首创旱地无水机插秧(邓文祥/摄)

福建农林大学（古田）菌业研究院（福建农林大学菌业研究院/供）

20世纪80年代，福建农林大学林占熺教授发明了以草代木栽培食药用菌的菌草技术，2001年中国首个援外菌草技术示范基地在巴布亚新几内亚建成落地，至今这一技术已推广至全球一百多个国家，合作紧扣消除贫困、促进就业、可再生资源利用和应对气候变化等发展目标，为促进当地发展和人民福祉发挥了重要作用，受到发展中国家普遍欢迎，成为广大发展中国家的"幸福草"。2017年，菌草技术被"中国—联合国和平与发展基金"列为重点项目。因开放优势和山海资源优势，农牧渔业一直是福建拓展国际合作的重点，在渔业方面，截至2024年，福建共有27家远洋渔业企业、远洋渔船600余艘，综合实力位居全国前列。在非洲西北部的毛里塔尼亚，福建宏东渔业股份有限公司建成了目前中国在海外规模最大的远洋渔业基地。2024年中国（福州）国际渔业博览会上，南美的洪都拉斯首秀福建，驻华大使亲临现场，为洪都拉斯虾"吆喝助阵"；中印尼"两国双园"展区有7家印尼涉渔企业来福建寻觅新机遇。农业方面，十年间，福建持续深入实施特色农产品出口提升行动，拓展"一带一路"共建国家和地区的市场，不断扩大特色优势农产品出口。深化"闽茶海丝行"等经贸活动，提升闽茶国际知名度和影响力。加强菌草技术援外工作，深化水稻育种对外合作，打造农业技术援外品牌。密切与《区域全面经济伙伴关系协定》（RCEP）成员国农业领域合作，通过推动国际标准农产品示范基地建设、建立符合国际标准的农产品生产质量管理体系、根据农业生产需求扩大进口农机补贴范围、改善科研育种条件等措施，吸引优质要素资源投向我省特色现代农业，提升福建省农产品市场竞争力、农业现代化水平。

（四）推动农业科技水平持续提高

2024年10月30日，第十六届中国国际种业博览会暨第二十一届全国种子信息交流与产品交易会在福州开幕，这是全国种子双交会首次落地福建举办。不怕底子薄，全凭种子新，种子是农业的芯片。十年来，福建加快推进种业振兴，实施种业科技创新，每年选育、审定、认定一批农作物及畜禽新品种，全省建立4个国家级杂交水稻制种大县，至2024年，杂交水稻制种面积占全国31.5%。三明市建宁县把杂交水稻制种作为主导产业，推动种业要素集聚、经营主体孵化、绿色种业发展示范等工程建设，促进杂交水稻种业高质量发展，成为全国第3个、福建省首个以水稻种业为主导产业创建的国家级现代农业产业园。水稻种业作为建宁的"五子"之一，带动全县脱贫致富，走出一条全新的"两山"转化之路，在全国都很有代表性。宁德市古田县工厂化栽培食用菌品种选育水平居全国前列，双孢蘑菇、绣球菌、杏鲍菇等工厂化栽培技术处于领先

建宁"五子登科"：五子指的是莲子、梨子、种子、桃子、无患子，建宁以五子为主的生态产业带动全县15.6万人共同致富，走出一条全新的"两山"转化之路。

▶ 宁德市古田县食用菌数字大脑（古田县食用菌产业发展中心／供）

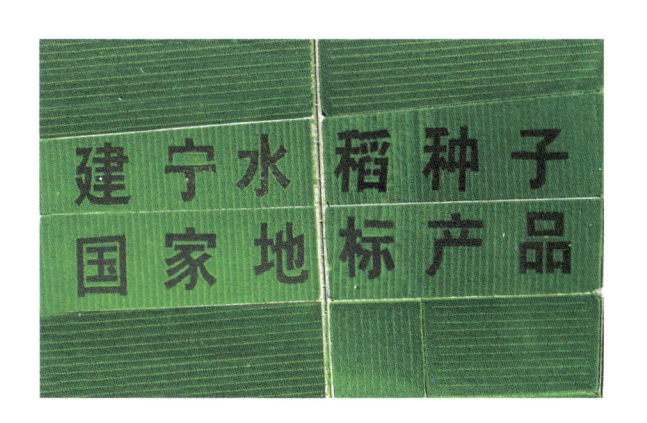

▶ 三明市建宁县国家级杂交水稻种子生产基地（宁民钦／摄）　　▶ 泉州德化县上涌镇稻田丰收（王建德／摄）

水平。福建省自主选育的玉米品种"雪甜232"打破国外种源垄断；水产品育苗已从传统的"两藻四贝"发展到120多个品种。强化种业平台建设，建成25个国家级、30个省级农业种质资源保护单位，搭建国家级种业创新平台12个、科研平台48个，13家企业（机构）入选国家种业阵型企业。实施农业技术攻关，2023年以来立项开展农业核心种源、农业关键技术、现代农机装备等50个重点攻关项目，牵头白羽肉鸡、青梗菜、花椰菜等3项国家育种联合攻关项目，"圣泽901"白羽肉鸡新品种打破种源完全依赖进口局面，福建自主选育的白羽肉鸡品种国内市场占有率达20%。

农业机械化是发展现代农业的重要支撑。十年来，福建着力强化农业装备应用，目前全省设施农业面积超240万亩，农机装备补短板工作取得明显成效，工厂化育秧、高速插秧机、

漳州市龙海区东园镇现代农业示范区，农业机械正在进行溶田作业（游斐渊 / 摄）

植保无人机、山地轨道运输系统、粮食烘干设备等农业设备加快普及，5G茶园、智慧农场、蛋禽养殖机器人等数字农业应用取得新突破。强化智慧农业装备研发，重点开展智能栽培系统、智能植物工厂、智能物联网等技术研发，推广无土栽培、水肥一体化、立体种养等生产模式，发展设施种植业和设施畜牧业。

科技特派员制度发源于福建南平，是为解决"三农"问题，在科技干部交流制度上的一项创新与实践，是习近平总书记在福建工作时关心指导、总结提升的工作机制创新。十年来，福建持续推进科技特派员制度，全省每年在农业一线开展服务的各级科技特派员超过1万名，技术服务实现乡镇全覆盖、农业产业全覆盖。2023年，福建着力健全科技特派员服务"菜单式"供给和"订单式"需求对接机制，完善农业、农民利益保护支持机制。在全国率先组建跨专业、跨领域服务全产业链的乡村振兴科技特派员服务团，制定全国首个科技特派员服务国家标准——《农业社会化服务科技特派员服务规范》。通过建立健全农业科技服务体系，有力推动全省现代农业全产业链增值和品牌化发展。

茶产业

茶产业是福建省农业特色产业之一，近年来围绕发展茶产业，福建省农业农村厅印发《关于统筹做好"茶文化、茶产业、茶科技"这篇大文章，推动茶产业高质量发展的若干意见》，推动茶产业优质发展，把"绿叶子"变身"金叶子"，使茶产业成为乡村振兴的重要支柱产业。2023年，全省茶叶总产量达55.01万吨，居全国第二，比2014年增长47.9%，年均增长4.4%。到2023年，全省茶园面积372万亩，居全国第五位，茶叶全产业链产值超1500亿元，出口金额5.31亿美元，居全国第一。此外，良种普及率等也位居全国第一。这几年，福建茶产业以标杆性引领作用谱写了中国茶产业高质量发展的杰作。

竹产业

竹产业是绿色产业、富民产业，福建省竹林资源丰富，截至2023年，拥有竹林面积1873万亩，约占全国的17.5%，居全国第一。习近平同志在福建任职期间到南平调研时提出"要搞竹子深加工，把小竹子做成大产业"的要求。近年来，省委、省政府高度重视竹产业高质量发展，建立了省级推动竹产业高质量发展工作协调机制，福建省政府出台《福建省加快推动竹产业高质量发展行动方案（2023—2025年）》，统筹做好竹产业、竹科技、竹工艺、竹文化四篇文章，推动竹产业优质高效发展。2023年全省竹产业总产值超1100亿元，"一根竹"撬动起千亿元大产业，培育了圣象华宇、青山纸业等一批龙头企业。南平是福建省竹子分布的核心区域，现有竹林面积652.7万亩，占全省的40%，从事竹制品加工企业1162家。2023年，南平市政府印发《南平市竹产业千亿行动方案》，提出到2030年实现产值1000亿元以上的发展目标。三明永安市被誉为"中国笋竹之乡""中国竹子之乡"，现有竹林面积102万亩，农民人均竹林面积6.7亩。永安市大力发展竹深加工产业，培育竹产业集群，目前已形成20个系列400多个品种的笋竹产品，形成以竹板材、笋制品为主，竹家居、竹香芯和竹机制炭为辅的产业集群，实现了"全竹利用"，加快"以竹代钢""以竹代塑""以竹代木"的绿色发展步伐。

三、致力"二产优"，工业继续挑大梁

工业是经济发展的命脉和基石，工业兴则产业兴，产业兴则经济活。其中，制造业是立国之本、强国之基，是福建经济发展的"定盘星"。习近平总书记指出："一个国家一定要有正确的战略选择，我国是个大国，必须发展实体经济，不断推进工业现代化、提高制造业水平，不能脱实向虚。"十年来，福建坚持把发展经济的着力点放在实体经济上，充分发挥工业"挑大梁"的作用，深入实施制造强省战略，把做大做强做优制造业作为工作重点，进一步提升存量、优化增量、扩大总量、提高质量，促进制造业综合实力显著提升。2014—2023年全省工业增加值从1万亿元增长到1.85万亿元，年均增

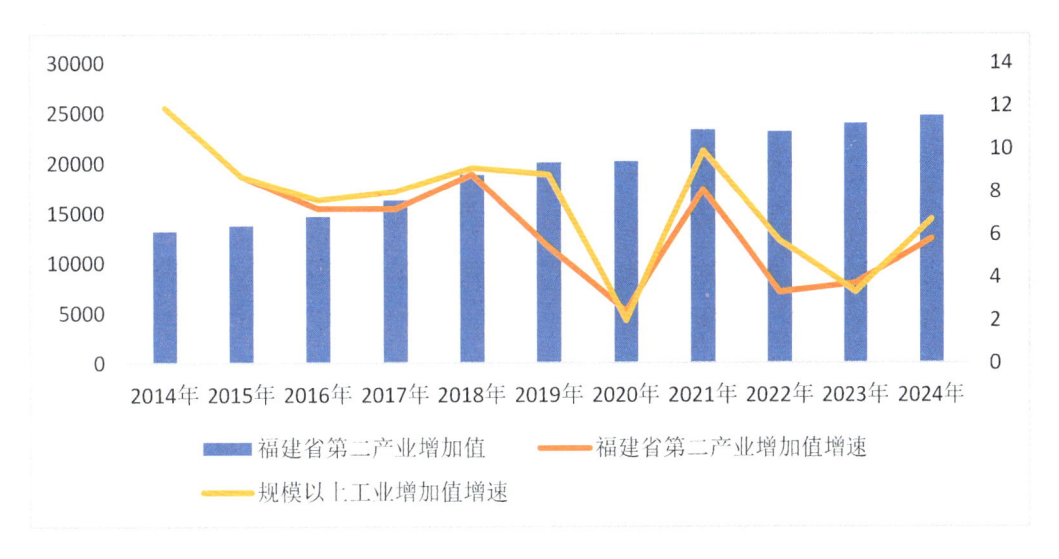

2014—2024年福建省第二产业增加值与规模以上工业增加值增速（单位：亿元、%）
数据来源：福建省统计局

长7%。2023年全省制造业增加值占地区生产总值的比重达32%，位居全国第4位，对全省经济增长贡献率超过40%；规模以上工业企业营业收入规模居全国第5位；工业利润总额居全国第7位。

（一）制造业发展布局：实现由"散"到"聚"转变

服装鞋帽、运动品牌、家用电器、音响器材、日用品、化妆品……每年的"双11"，伴随着多家福建品牌跻身热销榜的"第一梯队"，福建制造呈现出强健的筋骨。依托各地资源优势和产业特色，十年间，福建持续打造一批特色鲜明的产业集群，促进全省工业产业由分散向集聚转变。2023年，全省已形成20个产值超千亿元省级以上产业集群。其中，福州和厦门大力发展电子信息、计算机与通信设备产业，实现平板显示产业集群、电子信息产业集群千亿元规模发展，福州已形成纺织功能新材料、高端精细化工、新型显示等产业链群；宁德推动产业纵向延伸和横向融合，形成锂电新能源、不锈钢新材料、新能源汽车、铜材料千亿元产业集群；泉州、莆田推动纺织鞋服、绿色建材等产业发展；闽西北、闽东南依托良好的绿色生态资源、农副产品资源，推动闽西北生态食品、闽东南休闲食品产业发展。

1.推动县域重点产业链发展

县域重点产业链是构建现代化产业体系、推进新型工业化的重要基础。福建全面贯彻落实习近平总书记关于推进新型工业化的重要指示精神，全面贯彻新发展理念，创新发展"晋江经验"，持续提升县域重点产业链实力、集聚水平、创新能

位于福州长乐的福建金源纺织5G智慧工厂
（林双伟/摄）

力，推动全省县域重点产业链高质量发展。

2023年10月，由福建省工信厅联合福建省政府发展研究中心等单位编制的《福建省县域重点产业链发展白皮书（2023）》正式发布，该白皮书是福建省也是全国首份系统介绍县域重点产业链的指导性文件。该白皮书有助于帮助县域理思路、明方向，实现产业差异化、集聚化发展，促进全省经济高质量发展。该白皮书也体现了福建省对县域产业链的重视。《福建省县域重点产业链发展白皮书（2023）》的数据显示，在全省83个县（市、区）中，2022年全省县域规模以上工业企业营业收入平均规模为678.2亿元，其中，规模以上工业企业营业收入超2000亿元的有8个；1000亿元～2000亿元的有9个，500亿元～1000亿元的有17个，150亿元～500亿元的有29个。营业收入超2000亿元的8个县（市、区）分别为晋江、蕉城、长乐、惠安、福安、海沧、南安、福清，8个重点县域面积占全省7.4%，规模以上工业企业营业收入占全省40.6%，其中，晋江市规模以上工业企业营业收入5607.9亿元，约占全省的10%，居首位。这几年，为推动全省县域重点产业链发展，各县域加强重点产业链规划引导。有的县域发展一两条重点产业链，产业基础优势明显的县域规划三四条重点产业链。各县也愈加重视龙头企业引领带动，鼓励县域围绕龙头企业开展产业链梳理，实施产业项目精准招商，加快产业链垂直整合和跨领域横向拓展，布局省内跨县域配套延伸产业链项目，着力引进一批延链补链强链项目、高新技术项目、新兴产业项目、现代服务业项目、创新平台项目，促进县域产业链差异化发展。

2.推动民营百强产业集群发展

2024年中国民营经济发展（泉州）论坛上，中国民营经济研究会发布了2024中国民营经济产业集群百强榜单，福建共6个产业集群榜上有名，这6个产业集群代表了福建民营产业集群最高的发展水平，将为福建经济高质量发展注入强劲动力。

宁德动力电池产业集群。宁德已形成覆盖核心材料、电池构件、智能制造装备等三大类配套项目以及服务型制造等产业集群。2022年，宁德市动力电池集群入选国家先进制造业集

2024年中国民营经济发展（泉州）论坛（张九强/摄）

恒申集团工作车间
（余少林／摄）

群，2023年宁德市荣膺"中国新能源电池之都"。2024年1—8月，宁德时代全球动力电池使用量市场份额为37.1%，同比提升1.6个百分点，排名世界第一。

厦门电子信息产业集群。作为国家光电产业集群试点城市、全球最大的触控屏组件研发和生产基地，厦门火炬高新区等园区拥有天马微电子中小尺寸面板、厦门宏发继电器、法拉电子薄膜电容器、星宸科技视频监控芯片等众多细分领域的竞争力产品。目前，厦门电子信息产业集群已形成平板显示产业、计算机与通信设备产业、半导体和集成电路等产业体系完整的千亿元级产业链。

福州纺织产业集群。20世纪80年代起，长乐崛起了一批"家庭工坊式"纺织企业。经过40多年摸爬滚打，"草根工业"渐渐成长为千亿元级的参天大树。以恒申控股、永荣控股、金纶高纤、长源纺织等龙头企业为引领，宏港纺织、鑫港

┌ 宁德锂电新能源小镇（刘忠忠/摄）

┌ 位于厦门同翔高新城（翔安片区）的"厦门天马光电子第8.6代新型显示面板生产线"和"天马新型显示技术研究院Micro-LED生产线"同步点亮，标志厦门火炬高新区已全面覆盖所有主流类型的新型显示生产线（张奇辉/摄）

泉州鞋纺城（晋江市政府办/供）

纺机等一大批纺织企业，形成了石化化纤原料、化纤、棉纺、织造、染整、服装、纺织机械为一体的纺织化纤产业集群。2023年福州市长乐区规模以上纺织服装行业完成工业总产值1629亿元，占全区规模以上工业总产值62%，在中国纺织行业年工业总产值超千亿元产业集群地区中排名第一。

晋江纺织鞋服产业集群。近年来，晋江市通过龙头引领"建链"、精准招商"补链"、创新驱动"强链"、数改智转"壮链"、绿色融合"优链"等五"链"合力，推动纺织鞋服产业发展壮大。截至2023年底，晋江市鞋服产业总产值超3000亿元。

泉州机械装备产业集群。目前机械装备产值规模超2600亿元，拥有规模以上机械装备企业700多家，超亿元企业300多家，在通用设备、专用设备、金属制品、电气机械和器材等领域优势显著，主要集中在晋江、丰泽、南安、鲤城等市（区）域，"四轮一带"产品出口量约占全国50%以上。

泉州建材家居产业集群。我国规模最大、种类最齐全的建筑饰面石材生产与出口基地。其中，石材生产交易中心产品占全国市场份额的70%，进口和出口石材量分别占全国的60%和

位于泉州德化县的陶瓷机械化生产线（郑永集/摄）

九牧集团5G技术和机械手智能马桶工厂的生产线（林劲峰/摄）

55%；建筑陶瓷产业链完整，陶质砖年产量占全国30%以上、全省80%以上，地铺石全国市场占有率达70%，外墙砖全国市场占有率达50%以上；水暖厨卫产业是全国三大生产基地之一、国家新型工业化产业示范基地和外贸转型升级示范基地，水暖产品年产量占全国的40%，销售量占全国的60%以上。

（二）产业链条由"短"向"长"转变

产业链是福建省县域发展的基石，产业链强则经济强。十年间，福建围绕"产业优"建立"一业一策一专班"机制，加快构建现代化产业体系，产业链条由"短"转"长"，形成主导、传统、新兴产业共同发展的格局。

1.主导产业支撑作用显著增强

为提高产业发展水平，引导产业在强链延链补链中提高产品附加值，福建积极引导电子信息、装备制造、石油化工、纺织服装等主导产业向产业链"两端"延伸，提升产业层次和市场竞争力，全省四大主导产业营收占全省规模以上工业营收近六成。

电子信息产业"缺芯少屏"的局面有效转变。"增芯强屏"步伐加快，福建现已成为全国平板显示器、计算机、液晶电视等终端产品的主要生产基地之一，也是全国LED芯片规模最大、品种最全的生产基地之一。天马微低温多晶硅手机屏、冠捷显示器、三安光电LED芯片、法拉电子聚丙烯薄膜电容器、宏发电声继电器等一批产品市场占有率全球第一。

装备制造产业突出高端化智能化发展。福建是全国主要的新能源汽车动力电池基地、大中型客车制造基地、中小型电机

位于莆田市的福联集成电路第二代砷化镓半导体射频芯片生产线（莆田市委宣传部／供）

制造基地等，率先在全国启动"电动福建"建设，宁德时代动力电池市场占有率连续七年保持世界第一，储能电池市场占有率连续三年位居全球第一。电动船舶在全国先行先试，形成了研发设计、船舶建造、"三电"系统研制、运营基础配套以及船舶应用的全产业链。

石油化工产业"两基地一专区"（湄洲湾石化基地、古雷石化基地、福州江阴化工新材料专区）集聚效应逐步扩大，石化产能显著提高，已形成较成熟的产业体系。古雷炼化一体化、万华化学、中沙古雷乙烯、古雷炼化二期、奇美化工等一系列重大项目陆续投产，湄洲湾石化基地规模壮大，古雷石化基地成为全国"七大石化基地"之一，是大陆唯一的台湾石化产业园区。连江可门化工新材料产业园己内酰胺产能居全国第一位，为福建石油化工产业提供充分原材料保障，在全国石油化工产业链中占有重要地位。

纺织服装产业突出品牌化、高附加值发展。福建纺织鞋服产业包括化纤、纺纱、织造、染整、服装、制鞋、产业用纺织品行业等，形成"前端化工原料、上游化纤制造、中端纺纱织染、下游鞋服产品、配套纺织机械"等较为完整的产业链。作为全国纺织鞋服产业大省，纺织产业营收居全国第三，制鞋业营收稳居全国第一；国内近一半的锦纶、三分之一的鞋、四分之一的服装、五分之一的纱线产自福建；产业链条完整，实现了从"一滴油到一件衣"的生产。目前，福建拥有童装、休闲服装、泳装、经编等14个全国纺织产业特色名城。

2.传统产业"老树发新芽"

这几年，福建加快传统产业转型升级，或聚焦资源整合，或重塑产业形态，或优化产业链，八仙过海，各显其能，推动着传统产业高质量发展。食品产业规模位居全国前列，已形成农副食品加工、休闲食品制造，以及酒、饮料和精制茶制造等较为完整的产业体系。冶金产业22家冶金企业营收已超百亿元，钨材料、黄金等产量位居全国前三。福建已成为全国陶瓷、石材、汽车玻璃主要生产基地之一，其中，汽车玻璃市场占有率全球第一，石材出口量全国第一、产量全国第三，陶瓷砖产量全国第二。工艺美术行业主要品种涵盖陶瓷、漆器、

泉州市惠安县雕艺循环经济产业园项目现场（郭君勇／摄）

雕塑工艺（包括石雕、木根雕、玉雕等）、竹草藤编织、古典工艺家具、珠宝首饰、民间工艺品等13类、100多个品种，福建是全国品种最齐全的省份之一，2023年规模以上企业营收已突破1000亿元，位居全国第二；拥有中国工艺美术大师60人、省级工艺美术大师超800人，居全国前列。电机电器产业已被列为国家创新型产业集群培育试点、福建省重点培育千亿产业集群，福安市荣获"中国中小电机之都""中国中小电机出口基地"等称号，2024年，福安市再获"中国中小电机之都"称号。

3.新兴产业新赛道不断拓宽

实施战略性新兴产业发展提升工作方案，每年组织实施工业战略性新兴产业重点项目200项以上，全省规模以上工业战略性新兴产业产值占规模以上工业总产值比重从2020年的19.7%提升至2023年的28.3%，一批战略性新兴产业的产品、技术实现新的突破。

位于福州市滨海新城的福建人工智能计算中心（林双伟／摄）

◁ 漳州片仔癀药业股份有限公司是以医药制造、研发为主业的国家技术创新示范企业、中华老字号企业（游斐渊/摄）

软件和信息技术服务业。2023年全省软件和信息技术服务业实现营业收入超3000亿元，在芯片设计、电子政务、工业信息化控制、金融科技、电力软件、信息通信等细分领域涌现了一批"隐形"冠军企业。瑞芯微在人工智能芯片市场排名全国第二；英视睿达在人工智能环保领域排名全国第一；美亚柏科在电子数据取证行业市场占有率全国第一；福昕软件在版式电子文档管理领域排名全国第一、全球第二；易联众在智慧医疗社保卡发行量全国第一。

生物医药产业。全省规模以上医药工业企业313家，已形成化学原料药、化学药品制剂、生物制药、中成药、中药饮片、医疗器械等门类较为齐全的医药工业体系。2023年规模以上生物医药产业营业收入601亿元。重点企业中，万泰沧海生物公司研发上市全球第三支、国内首支二价宫颈癌疫苗，打破国外产品的垄断；金达威辅酶Q10市场占有率超过50%；艾德生物在国内肿瘤精准治疗细分市场占有率超过60%，已在70多个国家和地区使用；大博医疗骨伤类及神经外科植入耗材市场份额居国产品牌第二位，漳州片仔癀是中华老字号中医药产品，荣列国家级非物质文化遗产代表性项目名录。广生堂旗下创新药子公司广生中霖研发上市的泰中定（阿泰特韦片/利托那韦片组合包装）是福建省首个获批上市的口服小分子一类创新药。力捷迅药业自主研发的全球1.1类抗过敏新药，已完成Ⅱ期临床，预计2027年实现产业化。

海上风电产业。福建省地处欧亚大陆的东南边缘，受季风和台湾海峡"狭管效应"的共同影响，福建成为中国大陆海上风电资源最丰富的地区之一，年平均风速超过9米/秒，海上风电可利用小时数达3500～4000小时，开发潜能巨大。独特的风能资源，为风电产业发展提供得天独厚的条件。福建重点布局三峡海上风电装备产业园和漳州海上风电装备制造基地，并按照竞争配置规则、持续有序推进规模化集中连片海上风电开发，重点推进福州、宁德、莆田、漳州、平潭等资源较好地区的海上风电项目，稳妥推进深远海风电项目，推进海上风电场开发。推进福州长乐外海海上风电、莆田平海湾海上风电、漳浦六鳌海上风电接入电网工程；推进霞浦海上风电场工程、漳州深远海海上风电基地、闽南外海浅滩深远海海上风电基地建设工程。截至2024年6月底，福建海上风电并网装机规模达372万千瓦，装机规模居全国第三位，海上风电装备产业集群

位于福清的三峡海上风电场气势磅礴（林双伟/摄）

年产值近100亿元，每年可替代标准煤400多万吨，减排二氧化碳超过1100万吨。

四、突出"三产进"，发展现代服务业

服务业是吸纳就业的"蓄水池"，现代服务业还是促进传统产业改造升级的"助推器"，孕育新经济新动能成长的"孵化器"。发展优质高效的现代服务业是建设现代化经济体系的

应有之义，也是推进中国式现代化的必然要求。十年来，福建服务业以创新引领高质量发展，经济规模持续扩大，产业结构持续优化，发展动能持续释放。

（一）现代服务业发展提速提效

十年来，福建加快建设现代化经济体系，完善发展服务业体制机制，推进服务业标准化建设。2014年全省服务业实现增加值9921.15亿元。到2024年，全省服务业实现增加值29760.19亿元，同比增长5.5%。规模以上服务业企业增长迅猛。随着互联网消费、电子商务蓬勃发展，网络消费等新兴业态快速发展，线上消费发挥更加积极的作用。新产业新业态不断涌现，现代服务业加速发展。以信息传输、软件和信

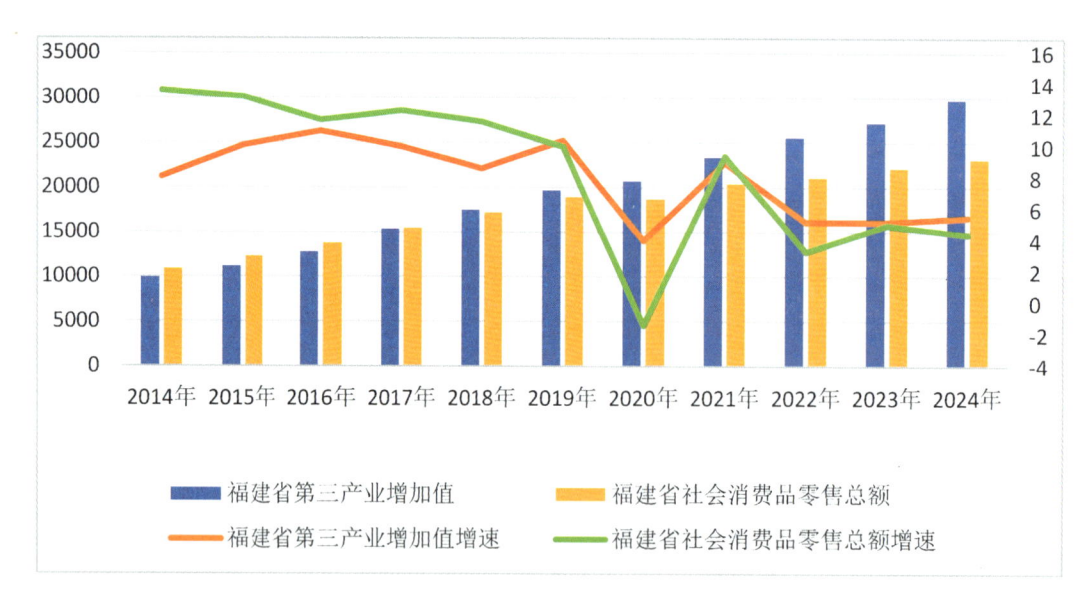

2014—2024年福建省第三产业增加值、社会消费品零售总额及增速（单位：亿元、%）
数据来源：福建省统计局

息技术服务业，以及租赁和商务服务业、科学研究和技术服务业、金融业等为代表的现代服务业增加值保持较快增长。2014—2023年，服务业年均增速8.2%，2023年服务业实现增加值占地区生产总值的比重首次达到50%。2023年，批发和零售业实现增加值6825.75亿元，同比增长6.2%；交通运输、仓储和邮政业增加值2238.42亿元，同比增长7.9%；住宿和餐饮业增加值851.62亿元，同比增长11%；金融业增加值4355.89亿元，同比增长7.4%；房地产业增加值2552.45亿元，同比下降4.9%。全年规模以上服务业实现企业营业收入比上年增长10.9%。

（二）生产性服务业释放潜力

生产性服务业是促进技术进步、提高生产效率、保障工农业生产活动有序进行的服务行业。十年来，福建省大力发展生产性服务业，服务业对制造业转型升级的支撑作用不断增强。

福建省大力发展现代物流业，深入实施厦福泉国家综合货运枢纽补链强链工程，建好国家物流枢纽城市和国家骨干冷链物流基地，促进交通物流降本增效提质。

着力建设现代化高质量综合立体交通网络，实现基础设施布局完善、立体互联，物流产业基础设施不断优化。全省公路里程11万千米，其中，高速公路突破6000千米，密度位列全国第3位，"六纵十横"高速公路主骨架基本形成，80%陆域乡镇实现30分钟上高速公路。普通国省干线公路里程1.1万千米。全省铁路里程4381千米，其中高、快速铁路1906千米，位居全国第10位，"三纵六横"铁路网格局加快形成，在全国范围内率先实现市市通高（快）铁，其中，宁德、莆田、泉州、厦门、漳州5个沿海城市均实现3个方向铁路连接，形成了"T字形"铁路枢纽格局；福州、南平、三明、龙岩实现4个方向铁路连接，形成了"十字形"铁路枢纽格局。已开通和部分在建港口铁路货运枢纽支线6条，分别为连江可门港支线、福清江阴港支线、湄洲湾南北岸港口支线、白马港支线、港尾铁路支线等。已建成6个民航机场，形成以厦门、福州机场为双枢纽、多个机场全面推进的发展格局。开通国际和港澳台空中线路4379条，通达世界主要城市。其中，作为我国第一家合资经营、企业化运作的航空公司——厦门航空有限公司运营的国内外航线达到400余条，年旅客运输量近4000万人次，曾获得飞行安全五星奖、中国质量奖等荣誉，"人生路漫漫，白鹭常相伴"已成为脍炙人口的福建"欢迎辞"。

多个城市列入国家有关物流节点布局城市。以厦门、福州、泉州为示范城市和节点城市的物流体系框架逐步形成；福州、泉州、厦门、漳州纳入国家"四横四纵"冷链物流骨干通道网络，厦门列入港口型国家物流枢纽建设城市，福州、泉州、平潭列入商贸服务型国家物流枢纽建设城市；三明列入生产服务型国家物流枢纽承载城市。目前全省创建省级示范物流园区33个，获评国家级示范物流园区2家。

重点物流企业发展迅猛。2022年全省250家重点物流企业实现业务收入1692.3亿元，同比增长16.4%；实现利润49.5亿元，同比增长12.6%。其中，省港口集团公司物流业务收入685.2亿元，占比40.5%；实现利润16亿元，占比32.4%。建发集团物流业务收入392.4亿元，占比23.2%；实现利润3.1亿

厦门航空的机队（厦门航空/供）

2024年7月24日，在厦门航空有限公司成立40周年之际，习近平总书记给厦航全体员工回信。习近平在回信中说，我在厦门工作时，曾参与厦航的初创，40年来一直关注着公司的成长。如今看到白手起家的厦航实现了跨越式发展，我很欣慰。

习近平强调，新时代新征程上，希望你们弘扬优良传统，坚持改革创新，增强核心竞争力，筑牢安全底线，在服务经济社会发展、促进两岸交流合作上积极发挥作用，为推动民航业高质量发展、建设交通强国贡献更多力量。

元，占比6.2%。

去时拥抱世界，归来鱼米满仓。依托漫长的海岸线和优渥的港口条件，福建的港口运输业规模持续壮大。目前全省沿海港口生产性泊位457个，其中万吨级以上泊位198个；开通外贸航线161条，通达全球近60个国家140多个港口，形成以福州港、厦门港为全国沿海主要港口，其他港口为地区性重要港口协调发展格局。港口项目建设有序推进，罗屿港40万吨级码头建成投产，已率先实现与台湾主要港口、海上直航全覆盖，优化、加密向台湾岛及金门、马祖客货运航线，率先实现与台湾岛北、中、南部港口货运直航全覆盖。2023年全省港口旅客吞吐量319万，同比增长85.8%；港口货物吞吐量74899万吨，同比增长4.9%；集装箱吞吐量1818万标准箱，同比增长1%。其中，完成对台港口货物吞吐量1877万吨，同比增长7.2%；完成集装箱吞吐量74.28万标准箱，同比增长2.1%。

金融是国之重器，金融业是国民经济的血脉。十年来，福

立体交通厦门港（杨仲康/摄）

莆田市罗屿港，全省首个40万吨码头，连续四年（2019—2022年）成为台湾地区在大陆最大的铁矿石储备中转港口（莆田市委宣传部/供）

> "八大金融工程"：重大战略保障工程、民营企业服务工程、资本市场提升工程、金融资源集聚工程、金融服务创新工程、闽台金融融合工程、金融风险防范工程、地方金融监管工程

建以实施"八大金融工程"为抓手，推动福建金融综合实力不断增强。2023年全省金融业实现增加值4356亿元，比2012年增长2.85倍，地方法人金融企业总资产居全国前列；银行业、保险业总资产较2012年分别增长2.5倍、3.2倍；存贷款余额年均分别增长11.3%和12.6%；现有境内上市公司171家，比2012年增长105%；保费收入1509亿元，比2012年增长2.14倍，金融服务实体经济能力稳步增强。

存贷款总量保持平稳增长。2023年全省金融机构本外币各项贷款余额8.24万亿元，同比增长8.2%，高于同期地区生产总值增速3.7个百分点；本外币各项存款余额8.1万亿元，同比增长11.1%，增速比全国高1.5个百分点。从贷款主体看，2023年全省企事业单位贷款余额4.3万亿元，同比增长11.68%。从贷款利率看，全年金融机构新发放企业贷款加权平均利率3.54%，同比下降0.37个百分点，处于历史较低水平。落实普惠小微贷款减息政策，推动金融机构为118.2万户普惠小微企业减免利息23.9亿元。截至2023年，全省使用设备更新改造、交通物流、碳减排支持工具、支持煤炭清洁高效利用专项再贷款撬动相关贷款527.29亿元。

金融支持重点领域和薄弱环节精准有力。制造业贷款增速保持较高水平。落实金融支持福建制造业高质量发展工作意见，引导信贷资金加速流入制造业领域。2023年全省制造业贷款余额9314.46亿元，同比增长17.22%。科创企业金融支持力度不断加大。联合创设科技贷、技改贷，支持技术评估、投贷联动、供应链融资等模式创新。到2023年，福建省科技型中小企业贷款余额481.62亿元，同比增长17.97%；高新技术企业贷款余额3827.4亿元，同比增长12.09%。民营中小微

"金融水"浇出"幸福果",南平邮储银行信贷客户经理走访农户,了解资金需求(郑慧莉/摄)

企业金融服务拓面增量。落实金融支持民营经济高质量发展精神,2023年末全省民营经济贷款余额2.73万亿元,同比增长13.18%。联合推出500亿元"纾困增产增效"专项贷款,支持受困企业2.1万家,加权平均利率3.20%。普惠小微贷款持续保持较高增长,2023年末全省普惠小微贷款余额1.44万亿元,同比增长22.3%,普惠小微授信户数达238.02万户,全年新增43.64万户。乡村振兴金融服务持续强化。引导金融要素下沉县乡,到2023年末,全省涉农贷款余额2.04万亿元,同比增长13.18%,比2022年增加413.3亿元。推动绿色低碳转型创新。推动林业金融创新发展,2023年末林权抵押贷款余额同比增长45.8%;全省绿色贷款余额8507.15亿元,同比增长39.5%。

信息技术服务业是高技术产业的重要组成部分,是推动现代产业发展的重要力量,对优化国民经济结构和高技术产业

全国首单水土保持项目碳汇交易在福建长汀签约（陈炳林／摄）

的发展有着重要的作用。十年来，福建省抢抓数字经济发展战略机遇，立足国家数字经济创新发展试验区，推动数字产业化和产业数字化，努力打造数字经济发展新高地。其中，信息传输、软件和信息技术服务业增加值1367.2亿元，比上年增长8%，增幅比全省地区生产总值增速高3.3个百分点，增加值占全省地区生产总值的比重为2.6%，比上年提高0.1个百分点，拉动全省地区生产总值增长0.2个百分点。电信业以数字化转型驱动生产方式、生活方式和治理方式变革，稳步推进5G及千兆光网协同建设，全省已建成5G基站7.1万个，实现所有乡镇和68%行政村5G网络覆盖。厦门获评我省首个"千兆城市"，5家企业入选2022年中国互联网企业综合实力前百家企业。规模以上信息传输、软件和信息技术服务业实现营业收入1928.49亿元，增长10.9%，比全国（7%）高3.9个百分点，对规模以上服务业营业收入增长贡献率为35.5%。其中，互联网和相关服务营业收入增长13.4%，比全国（8.6%）高4.8个百分点；软件和信息技术服务业营业收入增长14.4%，比全国（6.3%）高8.1个百分点。

（三）生活性服务业惠及民生

生活性服务业涉及人民群众衣食住行、商贸休闲等方方面面，与经济发展密切相关，加快生活性服务业发展是促进消费升级、满足人民日益增长的美好生活需要的重大举措。十年来，福建重点推进旅游、健康服务、养老服务、商贸流通、文化体育、家庭服务等领域服务业发展，与福建老百姓生活直接相关的消费品市场规模持续扩大。2024年全省社会消费品零售总额23083.81亿元，比上年增长4.4%。按经营单位所在地分，城镇零售额增长4.4%，乡村零售额增长4.4%。按消费类型分，餐饮收入增长6.7%，商品零售增长4.2%。升级类

泉州东海街道蟳埔村，两名游客体验当地非遗项目"簪花围"（林劲峰／摄）

漳州市龙海区隆教乡红星村闽台抢孤民俗文化节（沈昊鹏／摄）

商品需求加速释放，限额以上单位化妆品类商品零售额增长55.9%，照相器材类增长69.2%，智能手机增长25.2%。网络零售拉动显著，限额以上单位网络零售额增长12.0%，拉动全省限上零售额增长3.3个百分点。

福州"三条簪"和泉州"簪花围"相继出圈，泉州成为新晋的国内旅游网红打卡点，莆田元宵吸引海内外游客共同"闹春"……十年间，福建省完善顶层设计，健全政策体系，出台激励措施，推动全省文化创意产业持续发展，成为百姓精神文化生活的"诗和远方"。据统计，2022年文化创意产业实现总产出10560.42亿元，比上年增长10.6%；实现增加值4063.5亿元，比上年增长11%；增加值占全省生产总值的比重达7.65%，比上年提高0.15个百分点，有效促进了全省国民经济发展。在全省文化创意产业中，有七大类行业总产出和增加值实现稳步增长。其中，广告与会展服务业、咨询服务业增速较快，总产出比上年分别增长23.2%和22.9%，增加值分别增长23.2%和24.2%，位居全省文化创意产业分行业总产出和增加值增速前二位；传媒服务业总产出和增加值分别增长17.3%和16.6%，排名居第三位；信息服务业总产出和增加值分别增长10.2%和10.3%，排名居第四位；旅游与休闲娱乐服务业、艺术和工艺品业总产出比上年分别增长1.5%和0.8%，增加值分别增长1.4%和0.8%。

五、提升创新力，激活未来新引擎

创新是推动一个国家、一个民族向前发展的重要力量。谁在创新上先行一步，谁就能拥有引领发展的主动权。习近平总书记指出："实施创新驱动发展战略，是加快转变经济发展方式、提高我国综合国力和国际竞争力的必然要求和战略举措。"十年来，福建省坚持科技引领，实施创新驱动发展战略，着力加强基础研究和科技研发，科技创新主要指标实现大

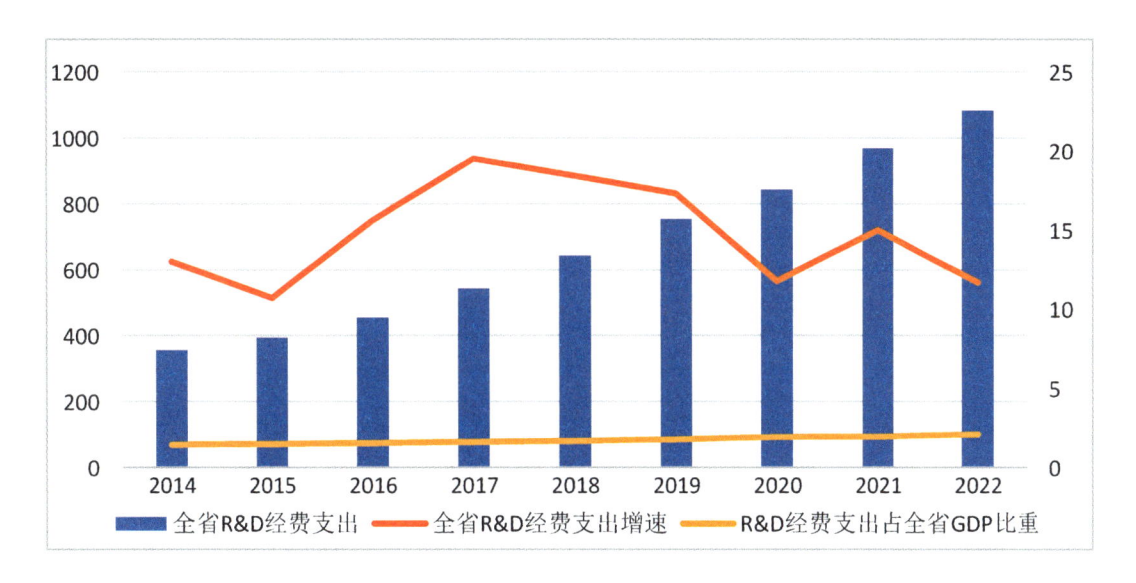

2014—2022年福建省R&D经费支出情况（单位：亿元、%）

数据来源：福建省统计局

幅跃升。2014年，全省共有高新技术企业1641家，创新型企业904家（其中国家创新型企业14家），全省研究和试验发展（R&D）经费投入355.03亿元，同比增长13%，R&D经费投入强度（R&D经费与地区生产总值之比）为1.42%。2014—2022年投入年均增长14.7%，比全国年投入增长率高3.3个百分点；投入强度2.09%，首次突破2%。2024年福建省拥有国家高新技术企业超1.4万家，全社会研发投入预计超1200亿元。《中国区域科技创新评价报告2023》显示，福建在全国区域科技创新评价中上升1位（排名全国第14位），其中，高新技术产业化效益指标位居全国第3位，科技活动人力投入指标位居全国第5位。

（一）强化关键核心技术研发攻关

科技创新是发展新质生产力的核心要素，技术革命性突破是形成新质生产力的主要动力。科学革命、技术革命与产业革命密切相关，技术是科学理论在现实中的应用，技术革命直接推动了生产变革。近年来，新一轮科技革命和产业变革加速发展，新技术呈现爆发式增长的态势，关键核心技术攻坚任务更加艰巨和迫切。在此背景下，谁能更快更好地推动科技赋能产业，谁就占领了未来高地，抢占了发展先机。

2024年，福建省获国家自然科学基金项目突破千项，13项成果获国家科技奖，为发展新质生产力提供了原动力。为加快推进科技成果转移转化，福建组织实施了各类省级科技攻

▲ 位于福州高新区的海峡创新实验室（林双伟／摄）

坐落在平潭金井片区的台湾创业园（江信恒/摄）

关项目3400多项，安排经费6.5亿元，持续攻克了一批"卡脖子"关键核心技术。宁德时代突破了大型锂电池储能系统关键技术并推广应用；东方电气研究院、厦门大学、福州大学分别突破了海水原位直接电解制氢、智能边缘计算、量子点新型显示等关键核心技术；福建省农科院构建了国内首套国产化、低成本的水稻育种基因分型体系；福州大学、厦门大学2项科研成果成功入选2023年度中国科学十大进展。厦门跻身全国创新能力城市18位，全市研发投入经费由2012年的79.01亿元增长到2023年的270.71亿元，研发投入强度提升到3.36%。国家高新技术企业数量由2012年的775家增加到2023年的4209家，净增超过3400家。34项成果获国家科学技术奖、603项成果获省科学技术奖，有效发明专利拥有量年均增长超过20%。全市90多项技术或产品处于全国、全球领先水平，部分产品市场占有率居全国第一乃至全球第一。

（二）推进科技创新平台建设

位于东海之滨的福州市长乐区，近年来随着数字经济规模的不断跃升，逐渐成为"数字中国"面向世界的交流平台和展示窗口。这里拥有移动、电信、云计算等五大数据中心，已建及规划建设机架超6.5万个，可承载服务器约60万台，规划机架总数全省占比43%，全市占比80%，建成5G基站超1000个，形成了"天上两朵云、地上两条路、中间一个超算"的新基建格局，通信枢纽、数据中心、超算中心等数字新基建配套水平全省领先，成为全省最大数字资源集聚。

无独有偶，厦门火炬高新区实施"一区多园"跨岛发展战略，建成了包括火炬园、厦门软件园（一、二、三期）、厦门创新创业园、同翔高新城、火炬（翔安）产业区等多园区产业发展大平台。高新区先后获得国家高新技术产品出口基地、国家对台科技合作与交流基地、国家海外高层次人才创新创业基地、国家双创示范基地等18块"国字号"招牌。截至2023年底，高新区聚集各类企业25000多家，国家级高新技术企业超1500家。世界500强企业在此设立项目62个。建设各类创新平台200多个，其中国家级孵化器5个、国家备案众创空间25家。

十年间，福建在推进科技创新平台建设上不懈努力。到2023年，全省共建设有38家省级产业技术研究院，拥有国家重点实验室10个、省创新实验室7个、省重点实验室267个、国家级工程技术研究中心7个、省级工程技术研究中心527个、省级新型研发机构220家。拥有省级及以上工程研究中心

（工程实验室）136家，其中国家级工程研究中心（工程实验室）6个、省级工程研究中心（工程实验室）97个、国地共建工程研究中心（工程实验室）33家。建设国家备案众创空间72家、国家专业化众创空间4家、省级众创空间369家、国家级科技企业孵化器27家、省级科技企业孵化器69家，在孵企业和创业团队共计13116家。新认定国家技术创新示范企业1家、国家企业技术中心7家、省级企业技术中心132家。截至2023年末，全省有效发明专利90927件，每万人口发明专利拥有量21.7件。2023年登记技术合同21175项，成交金额375亿元。

（三）创新驱动制造业高端发展

2023年9月，主题为"智造世界·创造美好"的世界制造业大会在合肥市举办，集中展示中国制造业新模式、新业态、新技术、新产品；作为大会主宾省，福建馆以"数字工业"为总基调，聚焦先进制造、新能源、数字经济与人工智能、传统优势产业、新材料与生物医药五个板块，吸引了大批国内外客户。十年间，福建坚持创新引领，推动传统制造业、高科技战略性新兴产业、消费品工业齐步迈向现代"智造"。2023年全省制造业增加值占地区生产总值比重为32%，规模以上高技术制造业增加值增长0.6%、对规模以上工业增长贡献率达3.3%。动力电池、消费类电池、珠光材料、电容氧化锆、LED芯片等出货量位居全球第一；己内酰胺、钨材料、锂电正极材料等产品产量位居全国前三；高纯电子化学品、"手撕钢"、宫颈癌疫苗等高端产品从无到有；不锈钢新材料、绿色建材、光电材料、光学晶体、办公软件等产品,在国内乃至国际都占有一席之地;圆珠笔芯等产品实现技术突破和完全进口替代;宁德时代工厂、京东方福州工厂入选世界"灯塔工厂",成为中国智能制造名片。

(四)创新引领民营企业转型发展

福建是民营经济大省。习近平同志在闽工作期间,高度重视民营经济发展,总结提出了"晋江经验"。十年来,福建始终牢记嘱托,深入实施创新驱动发展和新时代民营经济强省战略,印发了《关于进一步促进企业家健康成长支持企业家干事创业的若干措施》。一件件举措落地务实,大幅提升民营企业创新能力。

针对产业链创新链短板与需求,民营企业开展"揭榜挂帅"等新型科研攻关,突破一批"卡脖子"关键核心技术,增强了产业链自主可控能力。厦门美亚柏科为公安、司法等部门提供网络空间安全和大数据智能化解决方案,自主研发"乾坤"大数据操作系统,被列入国家网络安全"国家队"。宁德时代攻克钠离子电池产业化等20多项关键核心技术,三明海斯福开展柔性新型显示材料氟聚酰亚胺及关键单体研发,打破国外垄断局面,民营企业贡献了全省70%以上的科技成果,民营科技群体不断壮大。

在完善民营企业科技平台体系建设方面,引导省创新实验室支持民营企业参与产业创新,累计突破核心技术150多项,转化科技成果200多项。支持宁德时代、福耀玻璃等民营企业建设高能级创新平台,全省已建有省级以上重点实验室277

家、新型研发机构220家、高新区12个、科技企业孵化器69家、众创空间369家，构建"众创空间—孵化器—高新区"全链条孵化体系，为民营企业创新创业提供支持。

《关于支持民营企业科技创新的若干措施》等科技政策的落地，加快了科技成果转化，赋予科研人员更大自主权，激励科研人员更好地服务民营企业。

六、立足优势地，培育"四大经济"新增长点

新发展阶段推动高质量发展需要发挥地区比较优势，促进各类要素合理流动和高效集聚，增强创新发展动力，加快构建高质量发展的动力系统。十年间，带着更大体量腾飞，福建省在发展路上坚定不移贯彻新发展理念，绘就发展新图景；数字经济蓬勃发展，海洋经济涌起新潮，绿色经济生机盎然，文旅经济提质增效……经济发展"高质量"与生态环境"高颜值"相得益彰。

（一）"数"高千尺——数字经济高质量发展

福建省是我国发展数字经济的思想源头和实践起点。习近平同志在闽工作期间，福建省就率先开启了数字福建建设。2018年首届数字中国建设峰会落户福州，截至2024年已连续举办七届数字中国建设峰会。福建省数字经济规模也由2018年的1.42万亿元（占地区生产总值的比重为39.8%）增长到2023年的2.9万亿元（占地区生产总值的比重达53%），比全

"数聚海丝，智汇洛江"海丝数字城在洛江开园（郭思婧/摄）

国高10个百分点。中国信息通信研究院发布的《中国数字经济发展研究报告（2024）》显示，福建省数字经济规模位居全国第6位；占地区生产总值的比重位居全国第4位。近年来，福建省着力推动数字产业化、产业数字化，着力推动数字经济与实体经济融合，通过数字技术赋能传统产业、新兴产业，推动产业实现转型升级。

1.加快产业数字化，引导企业智能化转型

福建各地深入实施"上云用数赋智"行动，推动新一代信息技术在企业数字化转型过程中的应用和集成创新，带动产业向价值链中高端迈进。目前，全省关键环节全面数字化企业比例超七成，跃居全国第二；宁德时代、京东方、九牧5G工厂成为中国智能制造名片；达利食品、纵腾网络、361°、九牧王等9家民营企业入选2023年国家级电子商务示范企业。

2.聚焦重点领域，引导产业数字化转型

福州选取针织、棉纺、电子、汽配四个细分行业作为试点推动中小企业数字化转型。厦门选定电子器件制造、输配电及控制设备制造、医疗仪器设备及耗材制造三个细分领域600家企业作为数字化转型试点样本重点支持。漳州推进石油化工、冶金新材料、装备制造、食品加工等主要行业大中型企业数字化改造。泉州推动纺织鞋服、建材家居、工艺制品等行业民企数字化转型，至2024年，产业数字化规模连续五年居全省第一。三明推进农业、钢铁、氟新材料等行业民企高端化、智能化、绿色化发展。莆田围绕鞋服、食品、装备等重点领域梳理产业链数字化转型"四清单"。南平推广轻量化的工业应用软件，赋能竹木加工、生物医药、机电制造、轻型纺织等四个行业"智改数转"。龙岩重点扶持金属加工机械制造、有色金属压延加工、电子元件及其专用新材料制造等三个行业企业数字

京东（仙游）数字经济产业园，打通原材料、供应链金融、营销、物流等一系列环节，推动产业高质量发展（莆田市委宣传部／供）

化转型。宁德在电机、食品加工、冶金特钢等行业开展数字化试点。平潭推进智能化仓储建设，在物流贸易等领域加快数字化转型。

3.用数字化引领服务效能提升

破解数据"孤岛"。福建省率先创立数据共享新模式，最早在全国建成省级公共数据共享基础平台，基本实现全省政务信息系统"应接尽接"、公共数据"应汇尽汇"，汇聚数据累计超过1600亿条，总量居全国领先。打造数字政府新样板。福建省在全国最早探索完成电子政务顶层设计，率先打造全省行政审批"一张网"，"一趟不用跑"和"最多跑一趟"事项占比99.75%，建成首个"跨省通办"自助服务平台。数字惠民扎实推进。在全国率先完成12345政务服务热线"省统建"，二级以上公立医疗机构实现医学检查结果互认全覆盖。福州市鼓楼区是全国唯一的区县域国家智能社会治理实验综合基地，探索具有鼓楼特色的智能社区运行模式。

（二）"海"纳百川——海洋经济强势崛起

福建有着得天独厚的海洋优势，千百年来，福建先民傍海而居，向海而兴，拓海而荣，形成了特色鲜明的海洋文化。福建虽是农耕文明的尽头，却是海洋文明的前哨。分布在世界各个国家和地区约1580万的闽籍华侨华人，他们始终不忘故土，热爱家乡。

福建是习近平总书记关于海洋强国战略的重要论述的孕育地和实践地，省委、省政府坚持一张蓝图绘到底，加快建设"海上福建"，推进海洋经济高质量发展。

▢ 位于福州市罗源县鉴江镇海域的海上养殖场（林双伟／摄）

　　2023年11月福建省十四届人大常委会第七次会议通过《福建省海洋经济促进条例》，提出要"统筹推进山海协作，打造高水平的'海上福建'，加快建设海洋强省"。

　　2024年7月召开的全省推进海洋经济高质量发展会议强调：要以习近平总书记提出"海上福州"战略30周年为新起点，锚定"海上福建"建设目标，扎实推动海洋经济高质量发展。

　　夯实海洋经济发展基础。福建作为海洋经济大省，海岸线长3752千米、海域面积13.6万平方千米、海岛有2214个，均居全国第二位，拥有丰富的海洋资源，海洋、海湾、海岛、海峡、海丝赋予了福建向海发展的巨大潜力。近年来，福建立足海洋资源优势，谋海图强、精耕细作，以构建现代产业体系

2024年开渔景象，一艘艘渔船有序通过泉州湾跨海大桥（张九强/摄）

为抓手，以提升产业经营能力为关键，聚焦水产精深加工业、休闲渔业、渔港经济区、经营体系建设等四个重点，延伸产业链、提升价值链，推进三次产业融合发展，促进海洋经济发展、渔业转型升级、渔区产业兴旺和渔民增收，海洋经济已成为支撑福建经济高质量发展的四大支柱之一。2014年，全省海洋生产总值达6500亿元，"十二五"期间年均增速超14%，占地区生产总值的27%左右，规模居全国沿海省市的第五位。海洋渔业、海洋交通运输业、滨海旅游业、海洋建筑业、海洋船舶修造业五大传统海洋产业进一步壮大，海洋生物医药、邮轮游艇、海洋工程装备等海洋新兴产业加快发展。

到2023年，福建海洋生产总值近1.2万亿元，连续9年保持全国第三位，占地区生产总值的比重约为22%。全省水产品总产量从2014年的695.98万吨发展到2023年的890.2万吨，占全国总量的1/8，居全国第三位。其中，淡水产品产量102.4

万吨,增长3.4%;近海捕捞152.9万吨,下降0.1%;海水养殖579.8万吨,增长5.9%。海水产品产量居全国首位;水产品人均占有量206公斤,居全国首位;水产品出口额85亿美元,连续10年居全国首位。渔民人均纯收入2.9万元,较2013年实现翻番。

持续推动沿海经济带建设。福建持续优化沿海经济带"一带两核六湾多岛"发展布局,因地制宜发展海洋经济、水产品产业。"一带"即沿海经济带。明确福州、厦门、漳州、泉州、莆田、宁德和平潭综合实验区等沿海六市一区海洋产业发展定位,形成各具特色、优势互补的海洋产业发展新局面。"两核"即做强两大示范引领区。福州落实习近平同志在福建工作期间提出的"海上福州"战略,依托深水港口岸资源优势,聚焦发展国际深水大港、远洋渔业基地等海洋产业发展;

▷ 宁德霞浦南湾围网耕海牧渔(林熙风/摄)

泉州海丝艺术公园
（陈起拓/摄）

厦门依托较好的海洋产业基础和较为雄厚的科研力量，聚焦国际航运中心、海洋高新产业园、渔港经济区等海洋平台建设。"六湾"差异化发展。根据各湾区发展基础、区位特征和资源禀赋，推进三都澳、闽江口、湄洲湾、泉州湾、厦门湾、东山湾六大湾区建设，发展动力电池、远洋渔业、海上物流、海上旅游、临港工业产业，推动各具特色湾区联动发展。"多岛"即提高重点海岛开发与保护水平。结合海坛岛、东山岛、湄洲岛、琅岐岛、南日岛、粗芦岛等重点海岛，推进"海岛+"建设，形成滨海旅游、休闲养生、海洋牧场、远洋渔业等业态融合，提高岛陆联动发展水平，增强海岛资源开发保护的生态效益、经济效益和社会效益。

"福海粮仓"，富饶八闽。培育特色水产产品。以大黄

鱼、石斑鱼、鳗鲡、对虾、牡蛎、鲍鱼、紫菜、海带、海参、河鲀等特色品种为重点，出台《福建水产千亿产业链建设实施方案》，推进渔业全产业链建设。2023年，全省十大水产特色品种总产量411万吨，占全省水产养殖总产量的60%以上，大黄鱼、鲍鱼、海带、牡蛎、河鲀等品种产量居全国首位，其中大黄鱼、鲍鱼产量占全国80%以上，海带、河鲀产量占全国60%以上，居主导地位。大黄鱼、鲍鱼、鳗鲡全产业链产值均突破200亿元，对虾、牡蛎、海带、紫菜、海参等品种全产业链产值均超100亿元。加快水产种业创新。实施水产种业振兴行动，建设国家级水产原良种场3家、省级水产原良种场45家、苗种繁育场超2600家，培育大黄鱼"富发1号"等21个国审水产新品种和近百个高产、抗逆的水产新品系，海水种业规

平潭鲍鱼等海产养殖业产值几十亿元（伊海／摄）

平潭渔民的"金饭网"（林熙风/摄）

模稳居全国第一位，主要养殖品种良种覆盖率达70%以上。推动养殖业转型升级。在全国率先建成"水产养殖智慧化管理平台"，对海上养殖进行动态监管，累计改造传统网箱约100万口、贝藻类筏式养殖设施约70万亩，工厂化养殖企业达2000多家、养殖水体超3400万立方米。投建"福鲍""定海湾"等深远海养殖装备23台套，建设深水抗风浪网箱约5300口，深远海养殖规模居全国第一，海上养殖设施逐步向现代化、标准化、生态化、景观化发展，得到农业农村部、生态环境部等部委的高度肯定。

水产品加工业上承海洋捕捞业及水产养殖业，下接三产和消费，对农村经济发展、农民收入增长起着重要作用，福建推动水产品加工业的发展，坚持做大一产、做优二产、做精三产，促进渔业三次产业融合发展。以渔业产业为依托，大力培育县域水产加工产业链，发展东山、马尾、福清等16个年加工产值在10亿元以上的水产加工重点县。2023年，全省水产品加工总量405万吨，实现产值1040亿元，均居全国第二，较2013年分别增长39.6%、70.6%。目前，全省已拥有水产品加工企业1214家，规模以上加工企业451家，产值亿元以上企业100多家，超10亿元企业22家，上市企业4家。拥有加工冷库897座，日冻结能力12.9万吨，居全国前列。全省形成了宁德大黄鱼、连江鲍鱼、漳州牡蛎、霞浦海带、漳浦河鲀、晋江紫菜、霞浦海参、福清对虾、福州烤鳗等30个渔业区域品牌。推动海洋养殖与水产加工流通、旅游观光等相结合，发展渔业三次产业融合新业态，创建"水乡渔村"休闲渔业基地269家，打造串联"水乡渔村"休闲渔业精品旅游线路2条。

表3 福建省水产品产量情况

年份	水产品人均年产量（千克）				海水产品总产量（万吨）			
	全国	福建	福建/全国（%）	全国排名	全国	福建	福建/全国（%）	全国排名
2014	43.6	183.6	421.1	2	3296.2	603.4	18.3	2
2015	44.9	193.6	431.2	2	3409.6	636.3	18.7	2
2016	45.8	202.6	442.4	2	3490.1	665.3	19.1	1
2017	46.0	191.3	415.9	2	3321.7	662.5	19.9	1
2018	45.9	199.7	435.1	1	3301.4	696.8	21.1	1
2019	46.0	205.9	447.6	1	3282.5	723.5	22.0	1
2020	46.4	200.2	431.5	1	3314.4	740.5	22.3	1
2021	47.4	204.4	431.2	1	3387.2	757.5	22.4	1
2022	48.6	205.7	423.3	1	3459.5	762.4	22.0	1

数据来源：福建省统计局

（三）"绿""亿"盎然——绿色经济蓬勃生长

福建是我国南方重点集体林区之一。习近平同志在福建工作期间，积极推动集体林权制度改革，充分调动了林农积极性，解放和发展了林业生产力，促进林业发展、林农增收和林区和谐。

作为全国首个国家生态文明先行示范区，福建省第十一次代表大会首次提出要做大做强做优绿色经济。长期以来，福建持续推进绿色经济发展，以约占全国1.3%的土地、3%的能耗创造了全国4.3%的经济总量，生态环境质量持续居全国前列，福建林业产业总产值从2014年的3971.43亿元增长到2023年的7651亿元，绿色经济已成为福建发展最亮的底色，也是福建发展的比较优势。

1.绿色产业

全省各地因地制宜发展绿色经济的主导产业。就林下经济而言，全省规划布局建设闽东南、闽东北、闽西和闽北4个林下经济产品主产区，认定省级林下经济重点县36个、重点乡镇33个，推广"一县一业、一村一品"发展模式，形成了林菌、林药、林蜂、林禽、林畜、林油、林粮、林果等8个系列绿色产品，培育了一批有特色、有品质、高附加值的生产基地，到2023年全省林下经济产值达830亿元。笋竹产业方面，全省现有竹林面积1873万亩，约占全国的17.5%，居全国首位。依托丰富的竹林资源，实施笋竹精深加工，开发笋干、水煮笋等系列产品，2023年竹笋产量达139.9万吨，其中，建瓯市水煮笋产能占全球的30%。就经济林产业而言，推进低效油茶林改造，发展锥栗、板栗等产业。2023年全省油茶面积250.8万亩，年产茶油2.6万吨，实现产值50多亿元，其中锥栗、板栗面积达82万亩，年产量达9.3万吨。

2.绿色能源

福建着力深化电源结构调整，一批大中型电源项目相继投产，成为全省电力供应的中流砥柱。在清洁能源方面，福建是我国海上风电资源最丰富的地区之一，台湾海峡"狭管效应"显著，风能资源富集。据测算，海上风电理论蕴藏量超1.2亿千瓦，发电利用小时数可达近4000小时，年发电量可达4908亿千瓦时。目前，福建风电利用小时数已连续12年位居全国第一，已并网发电的海上风电机组总规模超过了350万千瓦。海上风电装备制造与海上风电场建设齐头并进。福建三峡海上风电国际产业园是我国首个全产业链海上风电产业园；兴化湾、平潭外海世界级海上风电场等新能源发电项目，包括全球首台16兆瓦海上风电机组并网发电，为"清新福建"增添"含绿量"。就电源结构而言，福建省内清洁资源品类齐全，已形成"水、火、核、风、光"多元清洁能源互济互补的供应体系，海上风电、抽蓄、核电发展潜力大，成为东南沿海地区重要的清洁能源基地。福建现已开发宁德福鼎、福州福清、漳州云霄、宁德霞浦等4个核电厂址，核电装机1101万千瓦、排名全国第二位，占总发电装机的比重达14.6%，排名全国首位，年发电量最大可达2500亿千瓦时，发展空间广阔。截至2023年底，全省发电装机容量达8141万千瓦，其中清洁能源装机、发电量占比分别达63%、52.9%，连续多年稳定"双过半"并保持全额消纳，风电利用小时数连续10年居全国前列，核电装机占比跃升全国第一，成为东部十省市绿色能源发展强省之一。

福能后海海上风电场,全省首个风电场集中控制中心,可覆盖公司在莆田境内的12座风电场,实现远程的监控、管理(莆田市委宣传部/供)

漳州云霄核电站(吴晓达/摄)

位于莆田市仙游县的赛隆绿色纤维产业园，年产30万吨的绿色循环再生纤维（莆田市委宣传部/供）

3.绿色制造

着力推进绿色制造体系建设，2023年全省新增81家国家级、150家省级绿色制造示范企业，累计培育省级绿色工厂326家，国家级和省级绿色工厂共实现工业产值超万亿元；引导工业园区发挥区域辐射作用，带动区域制造业绿色转型升级，累计培育省级绿色园区27个；船舶电动化工作走在全国前列，初步形成涵盖研发设计、总装建造、"三电"系统研制、运营配套、船舶应用的全产业链体系。2014—2023年全省规模以上工业单位增加值能耗累计下降28.0%。

（四）"文"名天下——文旅经济呈现活力

福建有"东南全胜之邦"的美誉，处处有文化、满眼皆山水，文化和旅游资源丰富。福建省委、省政府高度重视文化和旅游发展，2023年，福建省第十一次代表大会明确提出做大做强做优文旅经济，出台了《新形势下促进文旅经济高质量发展激励措施》等一系列政策措施，推动"山海"联动，持续做热文旅市场、做实文旅融合、做强文旅经济，加快打造"常来常往、常来常想、常来常新"世界知名旅游目的地的新部署，全省文旅经济呈现"量质齐增、快速回暖"态势。

文旅产业一头连着经济发展、一头连着民生福祉。打造世界知名旅游目的地，离不开优质的文旅产品供给。近年来，福建着力推动文旅产业融合发展，创新打造系列文化品牌。强化"福"文化研究阐释和宣传推介，办好"福"文化展览和创意设计大赛，推动"福"文化IP转化，打造一批富有地域性、原创性的"福"文化精品出版物。加强朱子文化研究，建设省级文化生态保护区，争创国家级文化生态保护区。弘扬红色文化，依托古田会议会址等红色资源，打造一批红色文化品牌。

武夷山朱熹园一角（黄海/摄）

发挥福建作为习近平新时代中国特色社会主义思想重要孕育地和实践地的优势，围绕"三进下党"、鼓岭故事、木兰溪治理等主题，打造一批新时代文化和旅游品牌。建设世界知名旅游景区。推动国家AAAA级以上旅游景区创新提升，支持武夷山、福建土楼、鼓浪屿、泰宁丹霞、泉州等世界遗产地打造世界级旅游景区。

　　福建是朱熹的故里，多年来，福建各地积极弘扬朱子文化，推出了大量的朱子文化读物，并尝试朱子文化进课堂，更以朱子文化为依托，将朱子文化融入经济社会发展和百姓生活，让朱子文化活起来。三明、南平等地围绕产品和服务，探索文化资源向文化产业转化的路径，培育了特色音乐舞蹈、非遗手工体验坊、文艺书店、文创直播、研学旅游等新业态。三明市尤溪县作为朱子诞育地，恢复了朱熹祭典，还创作了原创

▎三明市宁化县大力弘扬红色文化，让红色精神走进千家万户（张仁福/摄）

大型歌舞情景剧《朱子礼乐·儒风雅韵》。福州围绕三坊七巷这一核心文化品牌，通过"历史活化、业态创新、全域联动、科技赋能"策略，推动文旅经济高质量发展。通过强化"中国城市里坊制度活化石""明清建筑博物馆"两大文化标签，深入挖掘"侯官文化"内涵，鼓励社会资本参与古厝改造，引入非遗体验、艺术策展等优质内容，将三坊七巷从单一的历史街区升级为"文化体验+消费创新+科技融合"的文旅经济引擎地标。厦门以办好中国金鸡百花电影节为契机，探索实施"以节促产、以节促城"的文旅融合发展路径，有效推动了电影之城的打造。影视产业聚集发展效应不断凸显，每年超过100个剧组在厦门拍摄，20余部热播影片来厦路演、首映，100多场影视文化活动在厦门举办，6800余场公益电影深入基层放映，人民群众精神文化生活的获得感、幸福感持续提升。

福州鼓山秀美风光吸引游客前来赏玩（林双伟/摄）

在进一步优化文旅产业发展布局方面，坚持全省文旅产业"一盘棋"统筹谋划，持续优化和提升文旅产业"11537"发展布局。"11537"即一核一品五圈三带七沿，"一核"即打造世界知名旅游目的地，"一品"即打响"海丝起点，清新福建"品牌，"五圈"即构建环武夷山、环大金湖、环福建土楼、环鼓浪屿、环泉州古城文旅集聚区，"三带"即建设"蓝色海丝""绿色休闲""红色文化"旅游带，"七沿"即沿长征国家文化公园（福建段）、沿福建滨海风景道、沿武夷山国家森林步道（福建段）、沿戴云山森林步道、沿古驿道、沿江河、沿绿道培育文旅新业态产品。依托点的扩大、线的延伸、面的拓展，打造世界知名旅游目的地的"四梁八柱"。全省各地围绕"11537"发展布局，实施"一市一品、一品一策、一策一业、一业一龙头"品牌塑造工程，打造世界级旅游IP品牌。"一市一品"是以"海丝起点，清新福建"品牌为统揽，

海上花园——鼓浪屿（杨景初/摄）

游客在福州长乐下沙海滨度假区戏水（林双伟/摄）

引导各地挖掘本地文化内涵，突出区域特色，塑造特色文旅品牌，共同构建"海丝起点，清新福建"品牌体系。"一品一策"是围绕打造"海丝起点，清新福建"品牌及子品牌，推动各地制定有针对性的政策措施，从品牌塑造、IP策划、宣传推广、活动营销等方面强力推进。"一策一业"是引导和支持各地在文旅品牌打造中，培育和开发一系列独具特色的文旅业态、产品、线路、场景。"一业一龙头"是围绕品牌打造、聚焦核心卖点，加快培育一批文旅龙头"闽军"，做到每个文旅业态都有1个以上的龙头企业或标志性项目。在产业转型机制方面，探索"文旅+产业"深度融合。以漳州市平和柚子产业为例，平和县充分发挥本地资源优势，紧密结合当地实际情况，在大力推动乡村振兴的大背景下，积极挖掘并利用当地丰富的文化风俗资源，全方位做好宣传推介工作，不断完善旅游配套设施，从交通的便捷性到餐饮住宿的舒适性，处处用心。通过改善游客消费体验，精心打造沉浸式体验空间等丰富多彩的消费场景，让游客仿佛置身于柚子的奇妙世界，吸引了越来越多的游客来到平和游玩，为平和文旅经济的高质量发展注入强大动力。

近年来，福建省文化和旅游厅深入学习领会习近平文化思想，精准研判演出市场的特点与需求，将演艺经济作为发展文旅经济的特色赛道，全力促进文旅市场活起来、热起来、火起来。以文化为引领、音乐为引擎，采用线上线下相结合的方式，集中策划户外音乐节、话剧等多种类演出。做大做强省艺术节、省舞蹈音乐节、丝绸之路国际电影节等重点活动，吸引国内外演出机构和艺术人才汇聚福建。打造推出"鼓浪屿驻岛艺术家"计划、闽籍著名艺术家赴闽北采风创作活动等一批优质演艺品牌。出台促进文旅经济高质量发展、促进文化和旅游消费等一系列提振文旅消费政策，在文旅融合发展、新业态培育、重点项目等方面给予大力支持。与此同时，积极引导带动各地市在促进演出经济繁荣方面同步发力、出台利好政策。依托政务服务平台对营业性演出活动实行"全程网办"，实施审批材料"容缺预审"制度，审批时间压减60%。

十年间，福建省坚持创新驱动发展，提升传统产业，做大新兴产业，大力建设各类创新平台，研究攻关制约产业发展的"卡脖子"技术和孕育新兴产业的新技术，通过产业数字化和数字产业化推动企业加速跑，加快推进福建创新链和产业链协同发展，为经济发展插上腾飞的翅膀。2024年10月15日至16

日，习近平总书记在福建考察时指出："牢牢守住实体经济，巩固传统产业优势，大力推动转型升级，培育壮大战略性新兴产业，前瞻布局未来产业，因地制宜发展新质生产力，塑造产业发展新优势。"福建将着力推动科技创新和产业创新深度融合，促进实体经济和数字经济深度融合，加快传统产业"智改数转"，培育壮大战略性新兴产业，前瞻布局未来产业，大力发展县域重点产业链，加快构建体现福建特色、彰显福建优势的现代化产业体系，持续书写"产业优"新福建辉煌篇章。

第三章

殷富知礼民安乐:
从"百姓富"感受新福建

治国有常，利民为本。在发展中保障和改善民生是中国式现代化的重大任务。新福建十年，福建省深入贯彻习近平总书记重要指示批示精神和党中央决策部署，始终坚持以人民为中心的发展思想，高度重视保障和改善民生，全面深化精神文明建设，推动改革发展成果更多更公平惠及全体人民，人民群众获得感、幸福感、安全感不断增强。过去十年，福建的每一步发展都紧扣民生这个根本，一系列惠民生、纾民困、解民忧、润民心的政策举措，让幸福生活逐步变为触手可及的现实，用实际行动书写了"百姓富"的生动故事。这里的"富"，是百姓口袋里的钱越来越多，更是日子越来越舒心，精神越来越富足，生活越来越有品质。从城市到乡村，工资涨了，创业就业机会多了，孩子上学、家人看病更方便了，房子更宽敞了，精神文化生活更丰富了……这些实实在在的变化，构成了"百姓富"的新福建画卷。

一、稳就业促增收，筑牢富裕生活根基

习近平总书记多次强调，就业是民生之本，要扩大就业，努力增加城乡居民收入。实现高质量充分就业，是提高人民生活品质的题中之义，是提升潜在经济增长率的必要条件，是加快构建新发展格局的重要支撑，也是实现全体人民共同富裕的重要途径。过去十年，福建省着力在收入与就业领域实施一系列精准有效的政策措施，推动居民收入水平稳步提高，就业保

障得到强有力支持，在推动民生改善和经济高质量发展方面迈出了坚实步伐。

（一）脱贫致富全面小康，城乡差距逐渐缩小

十年间，福建从脱贫攻坚走向乡村振兴，各级党委和政府一步一个脚印带领群众不断向幸福生活迈进。为了早日实现脱贫攻坚任务，福建省成立省扶贫开发领导小组；各设区市党政主要负责人立下军令状；省级财政每年按上年度地方一般公共预算收入的2‰筹集专项资金；全省一般公共预算支出70%以上用于民生相关领域；精准识别建档立卡农村贫困人口。

自己好，别人好，一起好，这是福建脱贫攻坚成果不断巩固提升的真实写照。2019年全省实现现行标准下45.2万建档立卡贫困人口全部脱贫、2201个建档立卡贫困村全部退出、23个省级扶贫开发工作重点县全部"摘帽"。宁德市下党乡被党中央、国务院授予"全国脱贫攻坚楷模"荣誉称号。

以老区苏区为重点的脱贫攻坚战取得胜利。持续加强革命遗址保护，做好革命"五老"人员及遗偶的优待管理工作，推动"老区优先、适当倾斜"政策落地落实。2020年起开展"阳光1+1"牵手计划，1232家社会组织与1263个老区村签订协议，生成项目5127个，惠及老区群众325万人次。东西部协作更加深化，"闽宁模式"成为全国脱贫攻坚的成功范例，闽宁对口扶贫协作援宁群体被中宣部授予"时代楷模"称号。

福建省将脱贫攻坚、巩固拓展脱贫攻坚成果同乡村振兴有

整齐划一的三明市永安罗岩新村（马燕桢/摄）

效衔接、新型城镇化建设等工作视为重要民生工程。脱贫攻坚任务全面完成后，福建省持续推进巩固拓展脱贫攻坚成果同乡村振兴有效衔接，坚持"四个不摘"，创新开发"一键报贫"平台，建立健全防止返贫监测帮扶和脱贫人口稳定增收机制，牢牢守住不发生规模性返贫底线。保留财政转移支付等14项原扶贫政策，2021年投入农林水等乡村振兴资金共228亿元，其中90%用于支持老区苏区加快发展。新型城镇化建设持续推进，2023年，全省农业转移人口落户城镇37.7万人，全省脱贫人口家庭人均纯收入22969元、同比增长12.6%，增幅持续高于全省农民平均收入水平。

实施乡村振兴战略，是党的十九大作出的重大决策部署。福建省按照"千村试点、万村推进、五级同抓、全面振兴"思路推进乡村振兴试点示范，每年实施一批乡村振兴年度重点项目，因地制宜探索各具特色的乡村振兴路子，形成全省乡村振兴5种模式20条路径，培育120条乡村振兴精品线路。2023年，以学习运用浙江"千万工程"经验为引领，深入实施"千村示范引领、万村共富共美"工程，突出示范性、典型性、引导性，分级分类开展示范创建，加快建设福建版宜居宜业和美乡村，目前已遴选确定年度示范乡镇创建对象40个、示范村创建对象500个。

　　在推进乡村振兴的过程中，农村面貌焕然一新，不仅产业、金融、生态等领域显著改善，居住、就业、教育、人才和健康等社会领域也得到了显著提升。搬迁造福工程连续27年被列为省委和省政府为民办实事项目，既挪"穷窝"，又拔"贫根"，全省累计搬迁超过172万人，整体搬迁7300多个自然村。持续加大义务教育阶段学生的控辍保学力度，免除学杂费并提供助学资助，确保贫困家庭适龄学生不因经济困难而辍学。开展乡村产业、教育和医疗领域"师带徒"人才下乡活动，累计选派驻村第一书记2万多名，认定科技特派员1万多名，下派乡村振兴指导员1100多名，派出金融助理6300多名，并吸引130多支台湾建筑师团队参与村庄规划与建设，农村发展有了新动能。

　　乡村要振兴，因地制宜选择富民产业是关键。三明沙县小吃，正是这样的一个典型。1999年3月4日，时任福建省委副书记的习近平在沙县考察时指出："沙县小吃业的成功之处在于定位准确，填补了低消费的空白，薄利多销，闯出一条路子，现在应当认真进行总结，加强研究和培训，深入挖掘小吃业的拓展空间。"2000年8月8日，习近平同志再赴沙县，在夏茂镇座谈时强调："要找准今后经济发展的支撑点，特别是加强以沙县小吃业为支柱的第三产业，使之成为新的经济增长点。"2021年3月23日，习近平总书记在福建了解沙县小吃发展现状和前景时说："沙县小吃在现有取得成绩的基础上，还要探索，还要完善，还要办得更好。现在的城市化、乡村振兴都需要你们，这就叫做应运而生，相向而行，我希望你们再接再厉，继续引领风骚！"

▶ 三明沙县小吃城外景。"国民美食"沙县小吃，经过20多年的培育，凭借对"标准化、连锁化、产业化、国际化、数字化"的探索，由小吃变成大产业。截至2023年12月，全国门店超8.8万家，年营业额超550亿元，全区6万多人外出经营小吃业，辐射带动30万人就业（王惠勇/摄）

（二）就业保障更加有力，就业机会持续增多

福建省实施就业优先战略和积极就业政策，综合运用各类财政扶持措施，推动实现更加充分、更高质量的就业发展。通过建立重点企业用工调度保障机制，搭建人力资源供需对接平台，福建省持续加强对高校毕业生、就业困难人员、退役军人等重点群体的帮扶力度，积极开展就业服务工作，确保他们顺利就业。全面实施技能提升行动，全面提高劳动者的职业技能水平和就业创业能力，使更多群体能够获得高质量的就业机会。依托这一系列政策举措，全省就业形势保持稳定，就业规模不断扩大，吸纳了大量农村劳动力转移就业，新就业形态持续涌现，充分拓宽了就业渠道，形成了多层次、多元化的就业格局。

泉州晋江鞋服业现代化生产车间（张九强/摄）

十年来，福建省累计实现城镇新增就业589万人，持续为全省经济发展提供人力资源支持。2023年，全省城镇新增就业人数达53万人，就业困难人员实现就业3.7万人，失业人员再就业超过15万人，城镇调查失业率维持在4.8%，零就业家庭实现了动态清零，切实保障了全体劳动者的就业权益。就业结构进一步优化。第三产业逐渐成为吸纳就业的主力军，就业人数从2014年的879万人增长至2023年的1172万人，占全省就业人员的比重由39.6%上升至53.5%，福建产业结构转型升级对就业发挥积极带动作用。在闽务工的省内外劳动者、脱贫劳动力就业规模稳定增长，高校毕业生就业形势整体保持良好态势，就业保障和就业促进方面成效显著，为全省经济社会高质量发展奠定了坚实基础。

（三）大众创业蓬勃发展，万众创新氛围浓厚

福建省大力推进科技创新与融合创新，积极打造高质量的创业引擎，努力构建"双创"生态体系，为各类创业主体提供广阔的施展平台。截至2022年，全省国家级"双创"示范基地已增至9个，2021年，省级国家"双创"示范基地累计新增就业机会超过7万个。全省市场主体数量也实现快速增长，从2012年底的140.46万户跃升至2022年底的712万户，展现出强劲的创业活力。

为进一步支持大学生创新创业，福建省加大金融扶持力度，符合条件的高校毕业生创业项目可获得一次性创业补贴。2023年，福建选拔出20名省级"创业之星"和"创新之星"人才，2024年确定了110个省级资助项目，专门支持大中专毕

厦门自贸智创互联台湾青年创业基地（黄晓珍/摄）

业生创业。第六届"中国创翼"创业创新大赛福建省级选拔赛共征集项目2081个，创下历史新高。

在闽台青年创业方面，福建省通过"101台湾青年创业扶持计划"等多种渠道，积极引导和支持台湾青年在闽创业。该计划自2015年实施以来，共评选出90名台湾青年"创业之星"，累计发放创业奖金450万元。2023年，入选的10个项目涵盖健康产业、科技合作、文化交流及人才发展等多个领域，展现出两岸合作的广泛性与多样性。

（四）居民收入不断提升，百姓生活更加富足

在稳就业、促创业的基础上，福建省持续深化收入分配制度改革，城乡居民工资收入水平实现稳步提升。十年间，全省

向新而行——新福建的非凡十年

福建气候温和，物产丰富，"八山一水一分田"的地形结构产出了令人羡慕的山珍与海味，而最新直播助农活动的兴起，则让特产好物更广为人知，拓宽了销路，带动了农民和渔民收入水平持续提高［左上图：宁德市代溪镇黄酒文化广场上举办的村播助农行动（苏俊杰／摄）；左下图：龙岩市罗坊镇喜迎丝瓜丰收（叶先锋／摄）；右图：宁德市三都澳渔民捕捞大黄鱼（许少华／摄）］

居民人均可支配收入从2.3万元增长至4.8万元，实现了居民收入水平与经济发展水平的良性互动与协调提升。城镇居民和农村居民人均可支配收入分别达到58763元和28525元，同比分别实际增长4.8%和6.9%，两者增速均处于全国前列，展现出城乡居民共享改革发展成果的良好态势。

劳动者的每一份付出都弥足珍贵，每一份工资都牵动着一个家庭的幸福。福建省加强就业服务，保障农民工工资支付工作连续4年位列全国第一方阵。深入推进"四大群体"增收计划，建立居民增收工作调度保障机制，积极深化企业工资收入分配制度改革，着力提升一线劳动者的劳动报酬，推进技能人才技能与待遇"双提升"成效显著。完善国有企业市场化薪酬分配机制，发布福建省企业工资指导线和省属企业工资指导线，切实保障员工收入水平。完善最低工资制度，连续提高最低工资标准。福建第一档月最低工资标准由2014年的1320元提高至2024年的2030元，第一档小时最低工资标准由2014年的14元上调至2024年的21元，确保广大劳动者共享改革发展成果，推动"共富"目标逐步实现。

（五）居民消费稳步增长，生活质量显著改善

随着老百姓钱包鼓起来，十年间，福建省居民消费能力显著增强，生活质量稳步提升。2023年，全省居民人均生活消费支出达到31869元，较上年增长6.1%。其中，农村居民人均生活消费支出为21746元，实际增长6.3%；城镇居民人均生活消费支出为37674元，实际增长5.4%。随着居民收入水平的不断提高，教育、文化、娱乐、健康保健等方面的消费支出比重

游客在福州三坊七巷观看表演（林双伟/摄）

持续上升，家庭消费结构正朝着更高品质、多样化的方向转变，显示出人民对美好生活的追求愈发强烈。例如，在食品消费方面，农村居民食品消费支出占比由2014年的38.2%降至34.5%，城镇居民则由33.2%下降至31.2%，居民消费观念和消费能力均有明显升级。

2023年福建省居民消费持续回暖，消费市场活力显著增强，政府出台了"促进消费提质升级16条""进一步促消费扩内需9条"等一系列政策，深入实施扩消费"八大行动"，并深化"全闽乐购"品牌，举办各类主题促销活动近万场，带动社会消费品零售总额增长5%，消费潜力进一步释放。大宗消费领域同步激发。2023年，全省发放汽车补贴1.78亿元，撬动汽车消费超过40亿元，限额以上单位新能源汽车零售额增长28%。全国首个闽菜文化博物馆开馆，推广"八闽全福宴·一县一桌菜"，带动全省餐饮收入增长10.8%。县域商业建设行动扎实推进，乡镇快递物

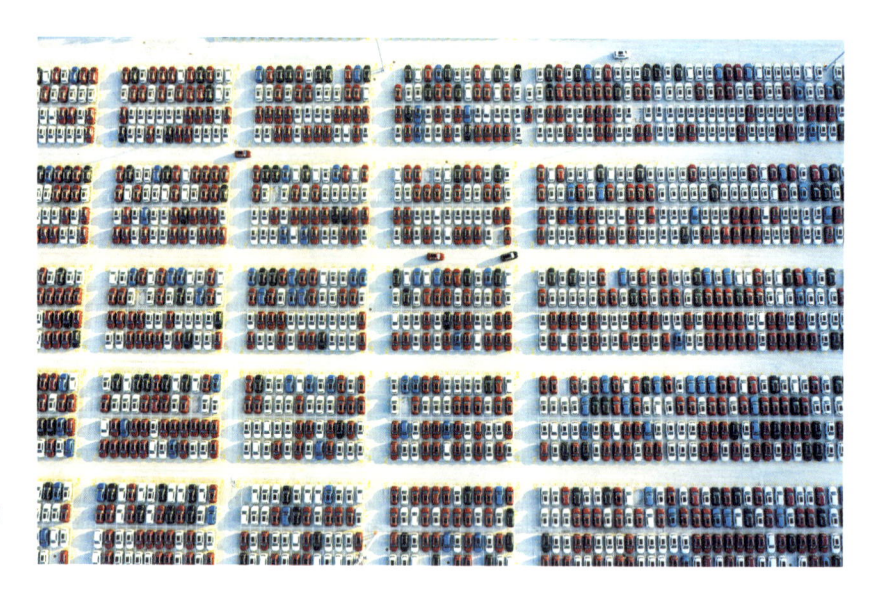

宁德露天车场中停放的一排排新车（王志凌/摄）

流站点实现全覆盖，极大便利了农村居民生活。此外，福建省获批全国内外贸一体化试点，泉州市入选国家第三批一刻钟便民生活圈建设试点城市。通过一系列举措，居民消费结构进一步优化，消费环境持续改善，推动了居民生活质量的全面提升，福建正朝着高质量消费的新时代稳步迈进。

二、办好人民满意的教育，培养人才惠民生

2014年，习近平总书记在福建考察时强调："福建没有理由不把教育办好"。此后，总书记亲自给集美大学、闽江学院、华侨大学、厦门大学致贺信、作批示，对福建教育寄予深切厚望。2021年，习近平总书记再度来闽并赴闽江学院调研，为福建教育指引方向。同年，教育部与福建省签订了战略合作协议，开启了部省共推福建教育高质量发展的崭新篇章。

教育是民族振兴、社会进步的重要基石，是功在当代、利在千秋的德政工程，对提高人民综合素质、促进人的全面发展、增强中华民族创新创造活力、实现中华民族伟大复兴具有决定性意义。十年来，福建始终高度重视并优先发展教育，出台《关于加快教育事业发展的实施意见》等重要文件，实施"十二五""十三五""十四五"教育发展专项规划，教育支出从2014年的112.47亿元增长到2023年的1259.01亿元。福建教育体系不断完善，基本满足了人民群众"有学上"的需求，更朝着"上好学"的目标快步迈进。

（一）基础教育加速提质扩优，人民教育获得感显著增强

十年来，旨在促进福建省学前教育普惠、义务教育优质均衡、普通高中提升、学生作业与校外培训负担减轻等一系列政策文件的出台和实施，为基础教育高质量发展构建了稳固的制度框架，有效推动了全省基础教育的规范化、科学化发展。

福建省持续加大财政投入，设立了省级基础教育质量提升专项资金。教育经费总投入从2018年的1254.8亿元增长到2023年的1839.82亿元，年均增长7.95%；财政性教育经费从2018年的1010.54亿元增长到2023年的1470.08亿元，年均增长7.78%，财政教育支出占公共财政支出比例居全国前列，为教育事业的稳步推进提供了强有力的支持。

全省公办幼儿园和义务教育学校的建设与改造成效明显。近三年来，福建新增幼儿园学位30.04万个，新增义务教育阶段学位26.22万个，有效缓解了学位紧张的问题，显著提升了基础教育的覆盖面。全省教育普及率持续提高，更多孩子在

漳州市机关第二幼儿园的小朋友们边敲快板边念闽南童谣（严洁／摄）

家门口即可享受到优质教育。2023年，全省学前教育三年入园率达到99.21%，九年义务教育巩固率达到99.49%，高中阶段毛入学率达到97.24%，均高于全国平均水平；适龄残疾儿童少年入学安置率连续4年保持在99%以上，教育环境更加公平、优质。

全省普惠性幼儿园覆盖率达到94.9%，更多家庭享受到了优质、负担得起的学前教育。义务教育资源的均衡配置大幅缩小了城乡和区域之间的教育差距。目前，全省共成立了439个教育集团，5434所学校被认定为省级管理标准化学校，955个城乡紧密型教育共同体相继建成。12个县（市、区）已经成功创建义务教育优质均衡发展先行区。高中教育成果丰硕，教育质量和育人水平整体提升。县域普通高中发展提升行动计划全面实施，优质高中对口帮扶机制逐步建立，达标高中、示范性高中建设持续推进，达标高中在校生占比达90%。

课后服务范围和质量大幅提升，城区义务教育阶段开展"2+3"及以上课后服务模式（作业辅导和体育活动2项基本服务，科普、文艺、劳动等3项及以上拓展服务）的学校占比超过95%。"阳光招生"全面推行，免试就近入学和"公民同招"政策稳步推进，普通高中属地招生政策得到落实，指标到校比例逐步提高，各级学校招生更加公平公正。特殊群体的教育权益保障得到加强。随迁子女入学制度落实完善，义务教育阶段进城务工人员随迁子女在公办校就读比例达95.99%。公立特殊教育学校、孤独症儿童教育干预研究中心得以创办，留守儿童登记和档案制度逐步完善，"代理家长"、留守儿童"一对一""一对多"日常跟踪包干、"手拉手"结对帮扶等关爱活动做细做实，义务教育阶段事实无人抚养儿童寄宿就读、助学帮扶、教育资助和心理健康教育"四个全覆盖"加速推进，特殊家庭儿童得到更多社会温暖和关爱。

2024年11月29日，湖里区中小学科学节启动仪式暨首批科学教育实验校授牌仪式在厦门市金林湾实验学校成功举办。科学节启动仪式上为孩子们准备了丰富的科技项目互动活动，来自12所区科学教育实验校的孩子们尽情玩中学，感受科学的无穷魅力（梁达君／摄）

（二）高等教育综合实力不断增强，服务支撑能力稳步提升

过去十年，福建高等教育全方位推进高质量发展超越，高等教育规模稳步拓展，培养输送大量高等教育人才。福建现有普通高等学校88所（本科高校39所，其中民办16所；高职高专院校49所，其中民办20所），在校生113.99万人，教职工8.43万人，专任教师5.93万人；成人高校3所，在校生21.95万人，教职工528人，专任教师239人。福建省高等教育毛入学率从2014年的37.5%迅速提高到2023年的64.3%，比全国提早2年进入普及化阶段，高等教育入学机会大幅提升。

福建省全面推进高等教育高质量发展，积极实施"双一流"建设和一流应用型高校建设、高等教育服务"四大经济"、福州地区大学城提升等项目计划。率先推行高校"放管服"改革和"一校一策"目标管理。厦门大学、福州大学入选国家"双一流"建设高校。2023年，福建工程学院成功更名为福建理工大学，福建中医药大学成为省部（局）共建高校，福州大学城联合研究生院获批建设。高等教育整体水平和服务经济社会发展能力不断提升，形成了高水平大学与应用型大学齐头并进的新格局。

福建成立数学、物理学、化学等7个高校基础学科联盟，建强厦门大学、福州大学、福建师范大学等10个教育部基础学科拔尖学生培养计划2.0基地，带动建设一批省级基础学科拔尖学生培养基地。全省高校有7个学科进入国家"双一流"建设行列，有7个学科进入基础科学指标数据库（ESI）全球前1‰、79个学科进入ESI全球前1%。实施高水平学科创新平台

福州大学城全景。福州大学城位于闽侯上街镇，入驻福州大学、福建师范大学、福建农林大学等14所高校，有约23万名师生，拥有40个国家重点学科、2231个国家级科研项目，是福建省最大的高等教育和产学研基地（林双伟／摄）

建设计划，布局搭建人工智能教育科技创新共享平台、农业健康生产创新中心、海洋网络信息技术科创平台等6个高水平学科创新平台，打造优势特色前沿学科。2023年，全省高校新获评A类学科19个，增长72.7%；新增教育部重点实验室3个、医药基础研究创新中心1个；7项高校成果荣获2023年度国家科学技术奖，获奖数量创新高。

近年来，福建省深化科教融汇，推动高校构建科教融合型课程体系，建立各类创新资源向人才培养开放的长效机制。依托大学科技园推进高校区域技术转移转化中心建设，推动高校科技成果转化和人才培养模式变革。深化专业学位研究生教育改革，试点建设一批省级卓越工程师学院，试点推进未来技术学院、一流网络安全学院等专业特色学院建设。截至2023年，福建省建成现代产业学院34个、产教融合研究生联合培养基地45个，认定福建省研究生教育精品课程40门、专业学位研究生优秀教学案例44个。

　　闽台有着五缘关系，福建注重推进闽台教育融合，率先开展大规模、成批次高校学生赴台学习活动，率先出台关于两岸职业教育合作领域的地方性法规，率先实施台湾教师引进资助计划和所在单位直接聘用技术职务政策。福建高校与中国科学院大学、天津大学、新加坡国立大学等国内外知名高校深度合作，与98个国家和地区的1120所高校合作交流，现有本科以上中外合作办学机构（项目）47个。推动教育部出台《教育领

厦门大学"八闽园"位于香山南麓，翔安校区北部，总面积约160亩，由福建省九市一区等支持建设，是厦门大学实践、育人、科研、教学一体化平台载体，也是校地融合发展的新思路、新探索（厦门大学/供）

域支持福建建设两岸融合发展示范区的若干措施》，率先试点依据台湾"统测""分科测验"成绩招生，现有具备招收台生资格的高校达38所，高校全日制在读台生1863名、全职在聘台湾教师798名，均位居全国前列。

（三）职业教育发展迈出坚实步伐，技能人才培养成效显著

过去十年，是福建职业教育聚焦全面深化职业教育供给侧改革、大力培养输送技术技能人才的十年。福建现有中职学校167所，在校学生40.9万人，教职工2.33万人，其中专任教师2.05万人；高职高专49所，在校学生53.01万人，教职工2.87万人，其中专任教师2.18万人。

为加快构建现代职业教育体系，福建省制定深化产教融合十五条措施和职业教育服务经济社会发展十条措施等重要文件，推进职普融通、产教融合、科教融汇。2021年，厦门成为部省共建职业教育创新发展高地试点城市，泉州入选首批国家产教融合试点城市；2023年，晋江入选第一批国家级市域产教联合体。实施省级高水平职业院校和专业建设计划，立项建设高水平高职院校12所、专业群34个，高水平中职学校36所、专业群108个，5所高职院校入选国家"双高计划"，26所中职学校成为国家中等职业教育改革发展示范校。

深化职业教育体制机制改革方面，福建出台职业教育改革工作方案和深化产教融合十五条措施，实施省级高水平职业院校和专业建设计划，率先开展"二元制"改革，实现每个县（市）至少有一所中职、每个主导产业至少有一所行业性职业院校与其对接，中高职毕业生就业率连续多年分别保持在

▢ 闽江学院航拍图。2021年3月，习近平总书记来到闽江学院（其前身为福州师范高等专科学校和闽江职业大学）考察调研。他肯定了学院在坚持应用型办学、深化产教融合等方面取得的成绩，并指出，要把立德树人作为根本任务，坚持应用技术型办学方向，适应社会需要设置专业、打好基础，培养德智体美劳全面发展的社会主义建设者和接班人（石美祥／摄）

97%、95%以上。在全国率先开展中职学业水平考试和中职学生综合素质评价，组织3所本科高校和10所中职学校首批试点开展中职本科"3+4"贯通培养。

深入实施职业教育"走出去"战略。组织黎明职业大学、泉州轻工职业学院等13所职业院校，在15个"一带一路"共建国家和地区建设"海丝学院"20个，推广"中文+职业教育"的职教"出海"模式，打造"北有鲁班工坊，南有海丝学院"的南方职教品牌。截至2023年底，开展闽台教育合作项目216个，设立台湾青年就业创业和实习实训基地50多个，吸引3.6万名台湾青年留闽就业创业。改变分散式对口支援做法，成立闽宁职教联盟，54所职业院校探索"集群发展"；成立闽昌职教联盟，28所职业院校采取组团方式深度合作。

三、强托育促健康，医疗卫生服务全面升级

　　健康是人民的基本需求，也是经济社会发展的基础，既联通着千家万户的幸福，更关系国家和民族的未来。习近平总书记强调，人民健康是社会主义现代化的重要标志。过去十年，是福建医疗改革不断深化的十年，也是居民健康水平稳步提升的十年。福建加快建立优质高效的医疗卫生服务体系，扎实推进健康福建建设。通过不断深化改革、推动技术进步和优化资源配置，福建在医疗设施、公共卫生、对外合作等方面都取得了长足进展，为老百姓的健康生活保驾护航。2023年，福建省"十四五"规划50%的卫生健康指标提前达到2025年目标值，人均预期寿命、孕产妇死亡率、婴儿死亡率、居民健康素养水平等指标均优于全国平均水平。

（一）妇幼健康服务体系不断优化，生育质量逐年提升

　　福建巩固完善全省妇幼健康服务链条，大力实施省级"云上妇幼"远程医疗服务平台建设、生育全程优质服务县创建、县级妇幼保健机构能力提升和特色专科建设等项目。实施出生缺陷防治行动提升计划，持续深化实施增补叶酸预防神经管缺陷、免费孕前优生健康检查等妇幼健康领域重大公共卫生服务项目，全省孕产妇系统管理率、儿童健康管理率、0—6岁儿童眼保健和视力检查覆盖率均保持在90%以上，新生儿遗传代谢性疾病筛查率和先天性心脏病筛查率均超过95%。实施生殖健

三明市推出的"家庭产房"服务（陈惠玲/摄）

康促进行动，加强青少年和育龄人群的性和生殖健康教育，在45所高校和680所中学开展青春健康项目，预防非意愿妊娠。全面落实生育登记制度，实现"网上办理""跨省通办"，推进"出生一件事""退休一件事"联办。"出生一件事"服务全省推广应用，办理时间由62天缩短至6天。

（二）普惠托育服务体系逐步完善，幼儿照护能力显著增强

福建省立足"幼有所育"，将每千人口托位数纳入福建省"十四五"规划、卫生健康发展专项规划和妇女儿童"两纲"任务中，使其成为一项重要指标，鼓励各地因地制宜探索"公建公营、民办公助、托幼一体、医育结合、企业办托、校企共建、社区普惠"等多种普惠托育服务发展模式。2022年修订的《福建省人口与计划生育条例》增加了6条13项托育服务内容。福建省委、省政府连续4年将普惠托位建设纳入为民办实

事项目，仅省级就投入资金近3亿元，建设普惠托位近5万个。积极推进托育人才晋升通道试点改革，厦门市在卫生系列职称评审中增设托育相关专业，培养高素质专业化人才队伍。研究制定培育爱心托育用人单位资金管理办法，对购买托位或提供托位服务的用人单位给予补助，进一步激发社会办托积极性。2023年，全省共有托育服务机构2557家，可提供托位数15.38万个，每千人口托位数达3.68个。

（三）积极推进生育友好措施，营造良好生育氛围

在促进生育友好方面，福建不断落细落实积极生育支持政策。2023年末，福建省常住人口4183万人，较上年减少5万人，人口自然增长率为—0.14‰。针对当前少子化、老龄化的人口形势，福建省积极实施三孩生育政策及配套支持措施，助力人口高质量发展。福建省将"降低生育、养育、教育成本，促进人口长期均衡发展"纳入省委、省政府重点工作任务清单。省委、省政府出台《关于优化生育政策促进人口长期均衡发展的实施方案》，省人大常委会修订《福建省人口与计划生育条例》，完善三孩配套支持政策，全面谋划人口高质量发展支撑中国式现代化的福建实践，为三孩生育政策平稳有序实施奠定了坚实基础。各部门围绕经济支持、时间保障、服务支撑、文化共鸣四个方面，在探索建立生育托育购房补助制度，完善生育保险、生育医疗费用待遇政策，落实多子女家庭购房、公租房保障、税收、住房支持政策，完善生育成本分担机制，保障生育休假制度，构建新型婚育文化等方面上下联动、同频共振、同向发力，共同营造生育

泉州市洛江区在辖区所有公立医疗机构实行普通门诊"一次挂号管三天"便民举措（庄伊欣/摄）

友好的社会氛围。结合母亲节、国际家庭日、世界人口日等重要节点，各地通过多种方式开展了以"放心托育，方便可及""倡导良好家教家风，培育新型婚育文化"等为主题的各类生育友好社会宣传活动，加大了优化生育政策的宣传力度，推动生育友好型社会的建设。

（四）医疗改革成效突出，健康体系持续完善

提升医疗改革成效方面，福建医改成果丰硕。福建省公立医院综合改革效果评价连续8年位居全国前列，三级公立医院绩效考核综合排名连续4年居全国前6位，医学检查检验结果共享互认、"无陪护"病房、全民健康管理等创新举措获国务院领导肯定，率先施行的药学服务收费政策扩大到全省所有三级公立医院，经验做法在全国推广。三明市国家公立医院改革与

三明开展"移动医院基层行"活动（池承传／摄）

高质量发展示范项目80%以上绩效指标提前达标。疾控体系改革稳妥推进，省、市、县三级疾控局全部挂牌成立，全面健康管理试点扩大至全省20个县域。福州、三明、龙岩、宁德4个城乡整治案例入选全国优秀案例。

（五）高水平医院建设提速扩面，医疗资源配置日益优化

复旦大学附属肿瘤医院福建医院纳入第五批国家区域医疗中心建设项目。截至2023年，共有8个国家区域医疗中心建设项目落地福建。优质医疗资源扩容下沉和均衡布局加快推进。2023年，福建在推进现有4个省级区域医疗中心建设基础上，依托3个市级、6个县级公立综合医院布局新建9个项目，新增9个国家级临床重点专科建设项目，121个省级建设项目。

2023年，国家中医药管理局和福建省政府联合印发《关于共建福建中医药大学的意见》，福建省中医药管理局正式挂牌，省立医院、省妇幼保健院列入国家中西医协同"旗舰"医院试点建设项目，8个学科入选国家中医药管理局高水平中医药重点学科建设项目，新增省名中医30名。

2023年，厦门大学夏宁邵教授当选中国工程院院士，实现福建卫生健康领域"两院"院士人才零的突破。全省累计认定卫生健康领域省级高层次人才476名，较上年度增长25%。住院医师规范化培训结业理论考核通过率，西医居全国第8位，中医居全国第1位。

莆田学院附属医院互联网医院让市民足不出户就能寻医问药（莆田市委党校/供）

（六）公共医疗服务资源供给增强，健康保障覆盖全生命周期

福建城乡居民基本医疗保险补助等保障标准不断提高，基层医疗卫生机构能力建设更加完善。

2023年，长汀、邵武、漳浦、永安、尤溪、福鼎等6个老区苏区县实施省级区域医疗中心项目扩容建设。三明、南平纳入紧密型城市医疗集团建设国家试点，福州、厦门、泉州纳入省级试点。紧密型县域医共体自评100%达到国家标准，提前完成国家任务目标监测结果，居全国第6位。县域"六大中心"（医学影像中心、心电诊断中心、临床检验中心、病理检查中心、消毒供应中心、远程会诊中心）基层辐射率达90%，服务基层470余万人次。开展县域巡回医疗和派驻、"千名医师下基层"等服务诊疗活动79万余人次。重点人群健康服务精准可及。2023年，适龄女性免费接种HPV疫苗项目让全省17.36万人受益。普惠托位新增1.28万个，厦门市获评第一批国家婴幼儿照护服务示范城市，漳州市医养结合、福州市安宁疗护等经验被国家部委发文推广。在全国率先出台政策，将无责任主体尘肺病患者纳入全省城乡居民医疗门诊特殊病种报销范围。

2023年，全省开展"改善就医感受、提升患者体验"主题活动、"院长体验日"等活动，依托"闽政通"建立"三医"便民服务门户，提供便民服务56项。建成省级影像共享平台，已接入14家省属医院、3个地市影像平台。在全国率先推出"闽诊通"平台，上线诊所超万家，覆盖率达99%。

四、社会保障提档升级，织密幸福生活安全网

社会保障是保障和改善民生、维护社会公平、增进人民福祉的基本制度保障，是促进经济社会发展、实现广大人民群众共享改革发展成果的重要制度安排，发挥着民生保障安全网、收入分配调节器、经济运行减震器的作用，是治国安邦的大问题。过去十年，福建省在社会保障领域持续发力，全面推进社会保障体系的建设和优化，取得了显著的进展。无论是城乡居民基本养老保险、医疗保险，还是低收入群体的救助体系，福建都在努力织密社会保障"安全网"，全方位提档升级社会保障体系，让更多群众切实感受到政策红利。目前，全省基本养老保险参保人数达到3383万人，工伤保险参保人数达到1065万人，失业保险参保人数达到763万人，困难群众基本生活救助工作绩效评价连续6年获得优秀等次，全省每千名老年人拥有养老床位数39张，比全国平均水平高出约40%。通过不断提高保障标准、扩展覆盖面、创新服务方式，福建省逐步构建起更加完善的社会保障体系，极大增强了人民的获得感和幸福感，也为福建省经济社会发展提供了有力支撑。

（一）社会保险统筹层次不断提高，保障能力持续增强

福建不断健全城乡统一的居民养老保险制度，持续提高城乡居民养老保险基础养老金最低标准；推动企业职工基本养老保险全国统筹，促进养老保险制度更加公平、更可持续，每年

调整提高职工养老保险待遇，不断加大保障力度；实现工伤、失业保险基金省级统收统支，解决地区间基金结构性矛盾；推进机关事业单位养老保险制度改革，同步建立职业年金补充养老制度，形成资金来源多渠道、保障方式多层次、管理服务社会化的养老保险体系。2012—2023年，每年按4%左右幅度提高企业、机关事业单位退休人员养老金；城乡居民养老保险基础养老金最低标准从每人每月70元提高至每人每月150元，比国家标准高出47元。

漳州龙文区四季花海公园内的晨练者（马俊/摄）

（二）城乡医保覆盖不断扩大，医疗保障水平显著提高

　　福建着力强化基本医疗保险、大病保险与医疗救助三重保障功能，支持加快建成覆盖全民、城乡统筹、权责清晰、保障适度、可持续的多层次医疗保障体系。2023年，全省医保基金总收入867.84亿元，总支出741.37亿元，当期结余126.47亿元，累计结余690.67亿元。其中，职工医保统筹基金累计结余564.37亿元，居民医保统筹基金累计结余126.3亿元，医保基金收支总体平衡。职工医保基金运行绩效连续3年跻身全国前列，为全省3800多万参保人员就医购药提供了有力保障。全省医保报销水平稳步提高，2024年职工、居民医保住院政策内报销比例分别达85.6%、68.5%，参保人员医保待遇水平进一步提高。

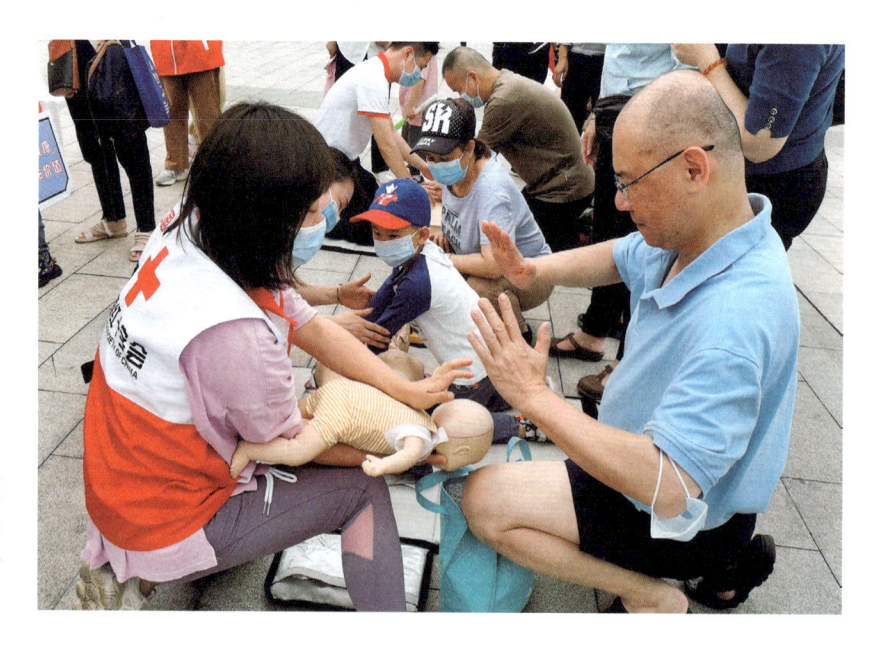

思明区红十字会在厦门五一文化广场开展群众性应急救护技能普及活动（思明区红十字会／供）

福建省持续提升医保基础性保障作用，努力改善城乡居民医疗保障体系。福建已连续14年提高城乡居民基本医保人均财政补助标准，支持地方落实基本医保待遇，切实增强了居民医疗保障的基础。通过实施职工医保基金省级统筹调剂制度，根据各地参保人数、基金征收率等因素进行合理分配，有效平衡了各地区职工医保基金的负担，保障了医保基金的可持续性。充分发挥大病保险的保障作用。针对城乡居民参保人员因大病导致的高额医疗费用，医保按规定支付后，个人年度内超出大病保险起付标准的部分由大病保险予以保障。大病保险的报销比例集中在60%至80%，进一步减轻了居民的医疗负担。在医疗救助方面，着力增强兜底保障功能，实施重特大疾病医疗保险和救助制度，建立高额医疗费用支出预警监测机制。针对五类救助对象开展分层分类救助，并在基本医保和大病保险的基础上，实施资助参保，开展特殊门诊、住院及倾斜救助等多层次救助，切实增强了对困难群体的基础性和兜底性医疗保障。

（三）养老服务全面升级，多元创新打造幸福晚年

2017年8月3日，中共福建省委十届三次全会在福州召开，重点研究了福建教育、卫生与健康、养老、城乡民生基础设施等领域补短板问题。在省委全会研究部署养老补短板工作，这在全国是首例。十年来，福建先后出台《福建省养老服务条例》《关于加快推进"福见康养"幸福养老服务体系建设的若干措施》等80余份政策文件，养老政策进步指数居全国前列。大力推进养老服务升级，构建了全覆盖、多层次的养老服务体系。居家社区养老服务工程连续8年成为省委、省政府的

老人在福州鼓东街道树兜长者食堂内挑选菜肴（游庆辉/摄）

为民办实事项目，其中省级福彩公益金有80%以上都用于养老事业，为老年人生活提供更多保障。全省已经建成了662所居家社区养老服务照料中心，覆盖了所有街道和中心城区乡镇。在养老模式上，福建走出了自己的特色。"食堂+学堂""近邻+养老"等新型养老模式逐步推广，形成了便利、温馨的社区养老生态。全省3012个长者食堂和助餐点，为老年人提供了温暖的用餐服务，解决了日常生活中的大问题。与此同时，福建强化了养老兜底保障，尤其关注失能和部分失能老年人的照护问题。每个县（市、区）配备供养服务设施，确保有需求的特困老年人得到应有的照料，真正做到"应养尽养"。此外，全省累计完成了3.6万户困难老年人家庭的适老化改造，为他们的日常生活带来了极大的便利。

福建省在探索普惠养老机制方面也有多种创新。为了让更多老年人享受到质优价廉的养老服务，鼓励党政机关和国有企事业单位的培训疗养机构转型为普惠养老服务机构。当前，养老服务的产品供给日益丰富，全省已建成1.8万处养老服务机构和设施，实现街道和中心城区乡镇100%覆盖，农村社区的覆盖率也达到72%以上。养老床位由9.4万张提高到29.7万张，普惠养老床位已达1.8万张，每千名老年人拥有床位数由20.9张提高到39张。此外，福州的长期护理保险试点及厦门的普惠养老服务分级定价机制，正在为未来养老服务优化提供经验参考。不仅如此，每个设区市都有一个医养康养相结合的高端养老项目，每个县（市、区）都建有以失能照护为主的特困人员供养机构。养老机构护理型床位的占比更是高达74.6%，专业化、品牌化的养老服务企业正在福建迅速发展壮大，为老年人提供更加优质的晚年生活保障。

（四）社会救助体系分层分类，困难群众共享改革发展成果

福建省始终把困难群众基本生活问题扛在肩上、记在心上，在社会救助领域持续加大力度，特别是在保障低收入困难群体、困境儿童和残疾人等方面实施多项精准且温暖的举措，逐步提升弱势群体的生活质量。

在低收入群体保障方面，在全国先行探索低保救助从"收入型贫困"向"支出型贫困"延伸，推出"刚性支出扣除、就业收入扣减、重病重残单人保"等举措，进一步强化低保制度兜底功能。全省共有13万建档立卡贫困人口纳入兜底保障并实现脱贫，80余万低保、特困户、孤儿、事实无人抚养儿童、流浪乞讨人员等困难群体的基本生活得到有力托底保障。

龙岩市激励性产业扶贫项目（连城县朋口镇政府/供）

  2019年，福建省成为全国第五个全面实现低保、特困供养和临时救助标准城乡一体化的省份，支持建立并落实低保标准与经济发展和物价水平相适应的动态调整机制，将特困供养标准与低保标准和最低工资标准相挂钩。全省城镇居民低保标准从2012年的每人每年3888元提高到2023年的10112元，年均增长9.1%；农村居民低保标准从每人每年2099元提高到10112元，年均增长15.4%。特困供养标准达每人每年25380元（居全国第7位），较2016年标准初设时增长2.6倍；十年来累计临时救助遇困群众177万人次，支出临时救助金超过26亿元。至2023年底，率先建成分层分类的社会救助体系，全省特困救助平均供养标准达到每人每年25380元，比2016年特困供养制度整合建立时增长221.3%。

在特殊群体权益保障方面，福建一直走在前列。2018年出台的《福建省农村留守儿童关爱保护办法》，2019年出台的加强事实无人抚养儿童保障工作的实施意见和农村留守儿童关爱保护办法，已经为1.76万名孤弃儿童和事实无人抚养儿童提供了有效保护。2021年率先实现未成年人保护工作协调机制省市县三级全覆盖。2024年率先出台加强孤独症儿童关爱服务的若干措施。自2024年7月起，福建提高了孤儿基本生活的最低养育标准，并建立自然增长机制，确保这些困境儿童健康成长。全面实施残疾儿童康复救助制度，残疾儿童康复救助年龄范围从0—6岁扩大至0—17岁，补助标准从每人每年1万元提高至不超过1.7万元，其中困难残疾儿童不超过2万元。

残疾人基本权益保护也是社会保障的重点领域。福建不断完善残疾人社会保障制度和关爱服务体系，推动建立残疾人两项补贴标准动态调整机制，困难残疾人生活补贴标准提高至

┌ 2022年5月15日是第32个全国助残日，主题是"促进残疾人就业，保障残疾人权益"。当日，在泉州市残疾人康复中心的残疾人电商孵化基地，电商平台人员指导残疾人进行"泉州特产"的直播带货（陈英杰/摄）

每人每月148.6元，重度残疾人护理补贴平均标准达每人每月135.7元，2016年设立两项补贴以来累计惠及残疾人608万人次。全省每年有79万人次的残疾人获得生活补贴和护理补贴，让残疾人的生活得到实实在在的改善。通过便捷的政策调整，残疾人补贴已实现全程网办、跨省通办，真正做到"一次不用跑"，极大地提高了保障效率。

在退役军人服务保障方面，福建省连续22年提高优抚对象抚恤补助标准，在全国率先实现退役士兵社保接续工作办结率和缴费率"两个100%"，成为全国唯一的所有设区市连续5届荣获全国双拥模范城的省份。率先出台对23个脱贫县村（社区）退役军人服务站工作人员的补助政策，烈士纪念设施改造提升工作走在全国前列。支持成立福建省退役军人关爱基金会，开展退役军人就业创业扶持、志愿服务和褒扬奖励等活动。

▶ 福建省第七个"中华慈善日"暨福建慈善宣传周活动在榕举办（江泽/摄）

在社会关爱和公益慈善领域，全省登记慈善组织949家，数量居全国前列。十年来省慈善总会共募集款物26.5亿元。2023年举办首届"福建慈善奖"表彰大会，极大鼓舞了社会各界力量参与公益慈善事业的信心和决心；"福蕾行动计划"自2020年实施以来，针对留守儿童和困境儿童提供了更专业、更常态化的社会工作服务，累计补助资金达1.3亿元，开展了2.3万场关爱活动，惠及17.8万人次；自2018年起，福建连续举办5届"善行八闽——公益慈善项目大赛"，培养了超过1300个优秀慈善项目，进一步推动慈善事业发展。

社会救助服务更加精准高效。2021年起，福建省取消了临时救助的户籍限制，让困难群众可以在急难发生地就近获得救助服务。同时，将无人抚养儿童的范围由原来的4类扩展到6类，进一步提升了弱势群体的保障力度。通过这一系列措施，真正做到了兜底保障更加精准、温暖与高效。

五、公共服务优化升级，助力美好生活全覆盖

人民群众美好生活的实现离不开公共服务的提升，公共服务的优化升级既是高质量发展的要求，也是共同富裕的目标。公共服务关乎民生，连接民心。健全完善公共服务体系，推动公共服务高质量发展，对增强人民群众获得感、幸福感、安全感，具有十分重要的意义。过去十年，在提升人民生活品质的进程中，福建省不仅在就业、教育、医疗、社保等核心领域取得了显著成就，也在许多与日常生活息息相关的公共服务领域进行了深入探索与创新。从住房保障、公共交通到数字政务和

厦门观音山国际商务营运中心（黄嵘／摄）

向新而行——新福建的非凡十年

第三章 殷富知礼民安乐：从"百姓富"感受新福建

文化供给，福建省通过各类系统全面的政策举措，构建了一个更加普惠便捷的公共服务体系，让人民群众切实感受到生活中的点滴改变。

（一）住房保障能力不断提升，人居条件持续改善

十年来，福建人居环境持续改善，住房水平显著提高，人民群众居住的整体性、系统性、宜居性、包容性得到切实增强。福建省先后印发施行了《福建省农村低收入群体等重点对象住房安全保障实施方案》《关于加快发展保障性租赁住房的实施意见》《福建省公共租赁住房分配工作实施细则》《福建省保障性租赁住房运营管理办法》《福建省保障性租赁住房建设实施办法（试行）》等一系列重要政策文件，不断完善发展住房保障制度体系。

城市住房保障体系进一步完善，城市更新有序推进，"宜居城市"建设取得积极进展。人口普查数据显示，2020年，全省居民家庭人均住房建筑面积达到43.83平方米，比2010年增加6.76平方米，增幅达18.2%。2023年，福建省开工保障性租赁住房8.4万套，棚户区改造5.9万套，公租房1891套，老旧小区改造38.2万户。落实提取公积金支付首付款政策，支持购房3.4万套。截至2023年底，福建累计竣工保障性租赁住房超过10万套。这些举措有效缓解了城市租赁住房及公租房供需矛盾，提升居住品质，有效改善居民居住环境。

建立健全农村低收入群体住房安全保障长效机制，实现巩固拓展脱贫攻坚成果同乡村振兴有效衔接。明确将农村低收入

漳州东山县杏陈镇磁窑村（易跃超／摄）

群体所居住的C级或D级住房纳入住房安全保障范围。同时，对农村低保边缘家庭和未享受过农村住房保障政策支持且依靠自身力量无法解决住房安全问题的其他脱贫户给予支持。持续为农村住房统一投保，采取"基础保险+叠加保险"形式，基础保险实行全省统保，保费由省级财政全额承担；叠加保险由普通农户、财政共同承担。福建省农村住房保险自2006年实施以来，保障水平逐步提高，保障范围不断扩大，在基层减灾救灾工作中发挥了明显作用。2023年全省承保农村住房保险732万户次，提供风险保障2770亿元，赔款1.12亿元，有效提高了受灾农户应对自然灾害和意外事故的能力。

（二）公共交通普惠便捷，出行品质稳步提升

十年来，福建省持续推动交通运输高质量发展，取得了显著成效，为人民群众的出行带来了极大的便利。作为全国交通基础设施建设的先行者，福建率先实现了"市通高铁、县通高速、镇通干线、村通客车"的目标，极大地提升了城乡交通的便捷性。

全省高速公路通车总里程已达6168千米，路网密度居全国前列，82.8%的陆域乡镇、85.8%的重要旅游景区，以及100%的重要产业园区和交通枢纽均可在30分钟内上高速。高速路网的完善，进一步缩短了城乡间、地区间和省际的通行时间，让人民群众无论身处何地，都能便捷通行。

在普通国省道方面，福建通车总里程已突破11100千米，实现了对全省主要产业基地和重要景区的全面覆盖，极大地便

厦门公路铁路建设飞速发展（杨景初/摄）

福州"国货互通立交改造工程"（林双伟/摄）

利了物流运输与经济发展。特别是在农村交通方面，福建深入贯彻习近平总书记关于建设"四好农村路"的重要指示精神，通过首创的农村公路路长制和灾毁保险等创新机制，为全省9.8万千米的农村公路提供了有力保障。这些公路不仅连通县、乡、村，便利了乡村居民的出行，更带动了当地经济的振兴与发展，源源不断地为农村注入了人气和财气。

在综合客运枢纽建设方面，福建也取得重要突破。所有设区市都建成了便捷换乘的客运枢纽，机场、动车站、客运码头100%配套了公路客运场站，中心城区的公交站实现了500米全覆盖，为市民出行提供了更加高效、便捷的选择。同时，福建大力推广绿色出行，全省新能源公交车占比超过90%，位居全国前列，福州和厦门也成功迈入"地铁时代",武夷新区开通了轻轨交通,有效满足了市民绿色、低碳出行的需求。

在海岛交通方面,居民百人以上的岛屿均建有陆岛交通码头,500人以上的岛屿已开通班轮服务,进一步便利了岛屿居民的出行,提升了沿海地区交通的可达性和服务水平。福建通过不断完善陆海空交通网络,大幅提升了城乡交通的便捷性与通达性,让人民群众的日常出行更加顺畅高效,也为区域经济协调发展奠定了坚实的路网基础。

(三)数字政务高效便捷,群众办事体验大幅优化

过去十年,福建省加快数字政务建设的步伐,致力于通过一体化公共数据体系提升政府治理的现代化水平。作为全国最早开展政务数据汇聚、共享和开发利用的省份之一,福建率先以"全省一盘棋、上下一体化建设"的思路,推动数字政府建设,形成了全国领先的一体化政务服务能力。

福建省积极推进数字政府改革建设,构建电子政务一张网、一朵云、三大一体化平台、一个综合门户和N个创新应用的"1131+N"数字政府新架构。着眼政务服务"一网通办"、省域治理"一网统管"、政府运行"一网协同",推出了"一件事一次办"、易企办政务服务新模式,经济社会监测和绩效管理,全省一体化大融合行政执法平台,全国首个基于自主可控环境的移动办公平台等一系列改革创新举措。

2023年,数字政府服务能力的系列评估结果显示,福建省的数字政府服务能力为"卓越级",位列全国第一梯队。福建省人民政府门户网站连续两年在全国排名第一,福州市和厦

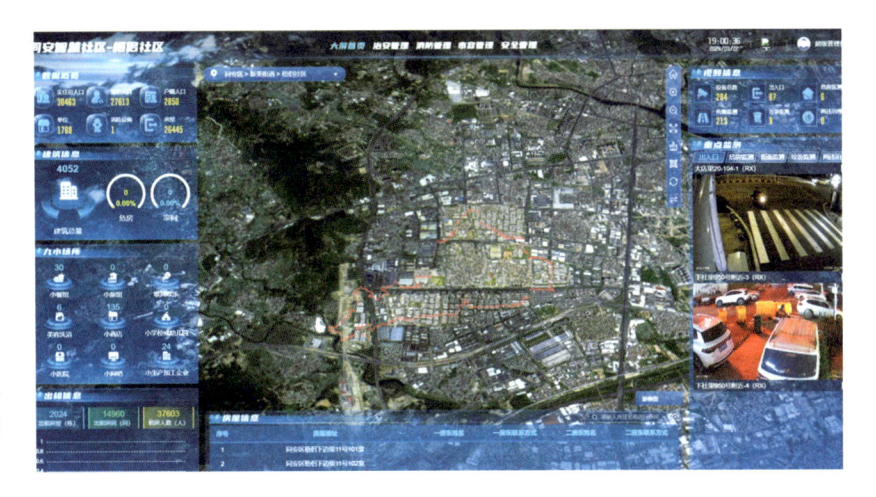

城中村智慧社区平台将数字技术应用于基层治理，提升智慧治理水平（厦门市同安区数据管理局/供）

门市的数字政府服务能力被评为"优秀级"。厦门市在全国副省级城市政府网站中排名第一，福州市在省会城市政府网站中名列第六。宁德市和龙岩市分别获得地市政府网站第二名和第七名，福安市和霞浦县则分别位列区县政府网站第八名和第十名。东侨经济技术开发区也在国家级经济技术开发区网站中排名第十位。

福建的多个创新案例，如"福建省一体化大融合行政执法平台""数字赋能林长管理，全面提升林长'智治'能力"，以及"创新应用'大数据+价格认定'模式"，均入选数字政府优秀创新案例。此外，福建省还通过"创新政务指南体系，打造网站融合服务新模式"以及厦门市的"政府常务会议大数据分析"决策服务等，展现了政府数字化改革的成果。

福建充分发挥其作为数字中国建设理论源头和实践起点的优势，在全国率先上线两批21件"高效办成一件事"事项，全省范围内469个政务服务事项实现"数据最多采一次"，覆盖90%政务服务办件。目前，全省推出了1800多个"一件事"集成服务事项，使申请材料精简53%，跑动次数减少75%，办理时限压缩62%。审批服务事项中，"一趟不用跑"和"最多跑一趟"的占比达98%。

"闽政通"经过升级，政务服务的标准化、规范化、便利化水平进一步提升，入选首批数字中国建设典型案例。截至2024年5月，注册用户达到6230万，工作日日均活跃用户数近45万，入驻高频事项超过800项。医保、社保、公积金等与民生息息相关的服务占用户使用总数的64.5%以上。

福建的数字政务建设正不断向前推进，老百姓只需"一点击鼠标"，便可轻松获取全省的数据资源。通过坚持"让数字贴近社会、贴近群众、贴近生活"，老百姓"一部手机走遍福建"正逐渐成为现实。

（四）体育服务全面开花，全民健身氛围浓厚

在群众体育投入方面，福建省不断加大经费投入，建立了以财政投入为主的多层次、多渠道的资金投入机制，每年将全省体彩销售总额的1%作为全民健身场地设施建设专项资金。连续23年将全民健身场地设施建设纳入省委、省政府为民办实事项目。2014年以来，共安排资金583.77亿元，在全省新建317个田径场、2757个足球场、162个体育公园、74个全民健身中心和629个游泳池等。截至2023年，全省共有体育场地13.7万个，场地面积1190.4万平方米，人均场地面积达到2.85平方米，建成城区"15分钟健身圈"，全省行政村全民健身场地设施实现全覆盖。其中，大力推进极具福建特色的"福道"建设，截至2022年底，全省已建成健身步道（福道）超过1

万千米，提前完成《福建省全民健身实施计划（2021—2025年）》提出的建成"万里福道"目标。全省县级（含）以上民政部门登记注册的体育社会组织180类2866个，每万人拥有体育社会组织0.6个。社会体育指导员注册人数达到10万人，每千人拥有社会体育指导员2.32人。

在群众体育活动方面，十年来，福建省各地累计开展全民健身赛事活动超3.5万场，参加人数2000多万人次，全省经常参加体育锻炼的人数比例达到41.3%，国民体质合格率达到91.9%。在全省广泛开展"运动健身进万家"系列赛事活动。2023年，全省举办各类全民健身赛事活动超过5000场，超过600万人次参与，形成"周周有活动、月月有赛事"的生动局面。开展群众身边的体育健身指导，完成体育

▎南平政和福道（郭斯杰/摄）

指导员、运动处方师培训。2023年，举办全民健身志愿服务近500场次，2项志愿服务活动入选全国2023年全民健身志愿服务优秀案例，2项基层篮球联赛入选全国首批群众"三大球"精品赛事案例。福州市建成"一地一公园"地标运动带，扩大群众身边场地设施供给。泉州晋江市成功举办"村BA"赛事，吸引线上线下观赛和关注群众近3亿人次。漳州长泰区举办全国首个"村气排"公开赛，借助一粒球，沸腾一座城。

▷ 泉州安溪"村BA"赛事（林思宏/摄）

在竞技体育方面，2016年里约奥运会福建省运动员获3金1银2铜，2020年东京奥运会福建省运动员获4金2银2铜，2024年巴黎奥运会福建省运动员获2金2银1铜。2017年天津全运会福建省运动员获17.5金15.5银20铜，2021年陕西全运会福建省运动员获25金17银18铜，2023年杭州亚运会福建省运动员获25金8银5铜，获金牌人次居全国第2位，创福建省参加亚运会历史最好成绩。2023年第一届全国学生（青年）运动会中，福建省运动员获公开组33金29银31铜，全国排名第5位，福州和厦门代表团均进入全国前十位。截至2024年，全省青少年运动员注册人数超过7.3万人。

在体教融合方面，福建省着力实施青少年体育青苗行动，在全国率先出台《福建省学校设置教练员岗位的实施办法》，夯实"从娃娃抓起"的后备人才基础。2023年，福建省各级各类学校已招收76名退役运动员进校任教。加强运动员文化和综合素质教育，开办集中教学点，出台《运动员文化教育管理考核办法》，确保全年文化学习时间不少于300学时，先后培养了林雨薇、葛曼棋等一批高素质冠军运动员。创新后备人才培养机制，探索开展运动项目试点特色县（市、区）创建工作，着力构建省、市、县齐抓共管后备人才的管理体制。2023年，举办省级青少年体育赛事73场，开展"奔跑吧·少年"儿童青少年主题健身活动3000场，约63万人次参与，在国家体育总局青少年体育司公布的新一周期名单中，福建省共有30所学校、俱乐部和单位获评"国家高水平体育后备人才基地"。

在两岸体育交流交往方面，福建省在探索海峡两岸融合发展新路上迈出更大步伐。2023年，成功举办首届海峡两岸体

U18女子垒球亚洲杯队员合影（福建省广播影视集团 / 供）

育嘉年华，开展30项海峡两岸品牌赛事活动，涵盖28个体育项目，累计吸引台胞超过3000人次。大力发展棒垒球项目，把棒球项目列入可授予等级的年度锦标赛，完成首批10所闽台棒球交流试点校遴选。福建省体育总会与台湾体育总会签署《闽台体育交流与合作意向书》，加大两岸棒垒球和各领域合作力度。成功举办U18女子垒球亚洲杯赛事，亚洲垒球联合会、中国垒球协会、福建省体育局、平潭综合实验区四方共同签署了战略合作备忘录，并为亚洲垒球竞赛训练基地授牌。出台《闽台棒垒球区域发展中心创建与管理办法》，设立闽台棒垒球区域发展中心，推动闽台联合组队政策落地。平潭综合实验区发挥对台前沿优势，大力开展两岸棒垒球赛事，投资近2亿元改造提升平潭棒球公园、垒球馆项目。龙岩市连城县建设海峡两岸棒垒球文化交流中心，新建棒垒球场地，在全县中小学广泛开展棒球运动。

六、文明之花开遍八闽，精神生活共同富裕

党的二十大报告指出："中国式现代化是物质文明和精神文明相协调的现代化。"一个民族要实现复兴，既需要强大的物质力量、经济基础，也需要强大的精神力量、精神支撑。推动物质文明和精神文明协调发展，是中国特色社会主义全面发展的必然要求，是实现最广大人民根本利益、实现全体人民共同富裕的内在需要，也是创造人类文明新形态的客观基础。新福建的十年，正是福建人民物质生活和精神生活共同富裕的十年。十年间，八闽大地上理想信念不断夯实，先锋模范大量涌现，文明创建你追我赶，道德新风吹拂山海，处处都是精神文明百花齐放的动人画面。

（一）理论宣讲让党的创新理论"飞入寻常百姓家"

理论是指导实践、改造世界的强大思想武器，人们掌握了理论，就能在通往"百姓富"的道路上披荆斩棘、勇往直前。

剑瓷传名久，理论新声远。位于闽浙交界的南平松溪，活跃着一支理论宣讲队伍。2022年以来，挂钩联系该县的福建省委宣传部，围绕党的创新理论进基层"最后一公里"如何打通等问题，指导当地建设了松溪讲习班。此后，讲习班以一场场宣讲锻造着一支理论的"湛卢宝剑"，助力当地群众破解乡村振兴和县域经济发展的诸多难题，其初步形成的"1+X"宣讲模式，既让老百姓牢牢掌握了理论知识，也广泛传播实用

型生产生活知识，进而转化为富民的良方。这一做法也得到了中宣部的肯定，被更多的地方学习借鉴，实现了党的创新理论"飞入寻常百姓家"。

习近平同志在福建工作期间所开创的重要理念和重大实践，是理论宣讲中人民群众最容易理解、最有共鸣的生动教材。2024年初秋，由福建省委宣传部组织省内科研院所和高校的青年学者等组成的"福小宣·蹲点调研讲改革"宣讲队来到长汀、武平、晋江等地，深入习近平同志在闽工作期间推动改革实践的标志地，开展"循根溯源"的蹲点学习、调查研究，并结合调研感悟和自身专业背景，及时向基层干部群众开展深入浅出的宣讲。针对调研过程中收集到的问题，调研宣讲队深入研讨，每场宣讲都提出十多条对策思路、资政建议，现场干部群众频频点头，掌声雷动。

近年来，福建还联动省内乃至全国宣讲力量，沿着习近平同志的工作足迹，"串珠成链"开展理论学习宣讲活动。组织河北、福建、浙江、上海四省（市）专家学者，围绕学习贯彻习近平文化思想，面向全省宣传文化系统和设区市党委中心组开展宣讲。组织福建"福小宣"青年宣讲员、浙江"8090"新时代理论宣讲员走进福建高校，开展闽浙青年宣讲团"探源新思想"主题宣讲活动，巡回宣讲习近平同志在闽浙工作期间的重要理念和重大实践。组织福小宣·复旦大学"星火"宣讲团党史党纪主题宣讲活动，走进革命历史纪念馆、高校，增强广大群众"心有所信、方能行远"的理论和行动自觉。

十年间，福建充分发挥习近平新时代中国特色社会主义思想孕育地和实践地的优势，结合推动"福"文化传承发展，打

◁ "福小宣"青年宣讲员、厦门大学法学院魏楚奇作《雷经天：披风沥雨志弥坚》宣讲（厦门大学／供）

造"福小宣"宣讲品牌，指导基层宣讲队伍弘扬"四下基层"优良作风，推动宣传党的路线方针政策下基层，进一步打造跨部门、多层次、一体化的立体式宣讲格局，组建了"泉民讲""岩讲家""明大理""理响莆阳"等基层宣讲队伍260多支，创新"理论+文艺""理论+思政"等多种方式，变"独奏曲"为"大合唱"，用深入浅出、直抵人心的话语阐释党的创新理论的真理力量和实践伟力，把我们党以人民为中心的发展思想和为民造福的执政理念传遍八闽大地。

福州市鼓楼区军门社区党委书记、居委会主任林丹是"七一勋章"的获得者和党的二十大代表，她也是"福小宣"的一员，常常出现在理论宣讲的讲台上。让模范和榜样现身说法，就会传递更多的力量，涌现更多的楷模，从而鼓舞和激励广大人民在共同富裕的道路上笃定方向，勇往直前。

（二）先进典型培树让榜样的力量激励人心

2021年8月6日，在防抗台风"卢碧"过程中，霞浦县古县村党支部书记孙丽美冲锋在前，不惧危险，不幸被洪水和淤积物卷走，献出了自己年仅44岁的生命。孙丽美同志牺牲后，中宣部追授她"时代楷模"称号，全国妇联、中共福建省委和省委宣传部也分别追授其"全国三八红旗手""全省优秀共产党员"和"八闽楷模"称号。不久后，孙丽美同志先进事迹报告会在闽举行，5位孙丽美同志生前的同事、亲属和媒体记者组成的报告会成员，分别以"用生命捍卫心底的光""我的掌心盛满嘱托""古榕依依说阿美""不在场的陪伴""生生不息的交响"为题，深情回忆了与孙丽美同志的交集交往，生动讲述了她十七年如一日扎根农村、始终奋战在脱贫攻坚和乡村振兴一线的平凡却又伟大的事迹，展现了孙丽美同志的崇高精神，令现场观众感动落泪。

典型宣传是我们党思想政治教育的重要手段，是党凝聚人心的重要法宝。十年间，福建省充分发挥先进典型在思想政治工作中的示范引领作用，多层次、多领域、多渠道挖掘选树先进典型，共涌现廖俊波、闽宁对口扶贫协作援宁群体、孙丽美、潘东升等"时代楷模"9个，林占熺、陈炜、三坊七巷消防救援站、晋江优秀民营企业家群体等"八闽楷模"10个，各行各业"最美人物"400余人，营造了崇尚先进、学习先进、争当先进的浓厚社会氛围，不断升华了人民群众物质生活和精神生活共同富裕的内涵。

英雄的土地，遍地都是英雄的人民。2024年3月，一部以三坊七巷消防救援站为原型的报告文学作品《千年坊巷熠熠蓝》座谈会在三坊七巷的福州文学院举行。这支组建于1990年的消防救援队伍,是一支承担着守护古厝、护卫国旗、应急救援等多重任务的消防救援队伍,曾先后荣获"全国先进基层党组织""八闽楷模"称号。自1991年元旦起,这支队伍承担执行福州市五一广场每日国旗升降任务,是全国唯一承担省会城市中心广场国旗升降任务的消防救援队伍。这支队伍升起的第一面国旗就是从时任福州市委书记习近平同志手中接过的。座谈会当天,消防救援站的5位指战员来到现场,生动讲述消防救援站的点点滴滴,深情重温了他们"对党忠诚、纪律严明、赴汤蹈火、竭诚为民"的芳华岁月,让与会听众身临其境般感受到这群穿梭在福州古厝间的"火焰蓝"的奉献精神与赤子情怀。

"漳州110"被中宣部授予"时代楷模"荣誉称号（潘旭／摄）

时代呼唤英雄，英雄光耀时代，实现"百姓富"尤其需要英雄。习近平总书记曾在不同时期、不同场合多次强调，要铭记一切为中华民族和中国人民作出贡献的英雄们，崇尚英雄，捍卫英雄，学习英雄，关爱英雄，大力弘扬英雄精神，汇聚实现中华民族伟大复兴的磅礴力量。十年间，福建省多部门联合出台了《福建省关怀帮扶礼遇"时代楷模""八闽楷模""道德模范"等重大先进典型实施办法》等一系列楷模优待办法，体现党和国家对先进模范的关怀和爱护，明确德者有得、好人好报的价值导向，通过精神上嘉奖、待遇上倾斜、政治上关怀、荣誉上捍卫，多管齐下礼贤敬德，真正构建起"别人有难好人帮、好人有难大家帮"的长效激励机制。

（三）文明创建蔚然成风，文明实践中心遍地开花

文化孕育文明，文化承载文明。40年前，全国"五讲四美三热爱"活动工作会议在三明召开，揭开了全面开展群众性精神文明创建活动的序幕。如今，福建精神文明建设工作以"五讲四美三热爱"活动为切入点和突破口，向多领域拓展、向纵深推进，在实践探索和改革创新中积累了宝贵经验。

礼金"降温"了，感情却"升温"了——这是近年来福建广大群众的切身体会，也是福建深入持续开展移风易俗取得的成效在群众身上的生动体现。十年间，全省积极引导群众婚事新办、丧事简办，杜绝铺张浪费，破除封建迷信，摒弃婚丧陋习。其中，武夷山市被确定为第二批全国婚俗改革实验区；节地生态安葬率提高至92.5%，全省火化率保持在99.8%以上，

福建省纪念全国"五讲四美三热爱"活动工作会议40周年座谈会（王惠勇/摄）

居全国前列。全省现有殡仪馆67家，城乡公益性公墓、公益性骨灰楼堂6763个。少了大操大办，多了喜事新办、丧事简办，好攀比、讲排场、比阔气的阴霾渐渐散去，淳朴清朗、向上向善的文明新风激荡在八闽大地。

厉行节约成为"新食尚"，社会诚信意识不断增强，使用公勺公筷、拒食野味成为全民行动，文明旅游深入人心，垃圾分类渐成习惯，文明交通人人参与……一言一行见文明，点滴善举见精神。近年来，全省精神文明建设战线深入推进文明培育，打造"八不"行为规范品牌，推广"清静车厢"创建活动，促进公民素质和社会文明程度不断提高。

其中，新时代文明实践中心是重要阵地。福建实施"循迹再奋进"新时代文明实践提质培优工程，共建成县级中心88个、乡镇（街道）实践所1110个、村（社区）实践站17044个，实现全省新时代文明实践中心、所、站建设全覆盖，逐步打通宣传群众、教育群众、引领群众、服务群众的"最后一公里",种下文明新风尚,结出精神富裕果。

志愿服务是新时代文明实践的重要方式,也是社会文明进步的重要标志。福建坚持以"百姓富"为目标,不断健全完善志愿服务协调工作机制,举办全省新时代文明实践志愿服务项目大赛,开展全省学雷锋志愿服务"五个最美"先进典型宣传推选,引导志愿服务蔚然成风。此外,志愿者组团下基层义诊,把"健康直通车"开到群众家门口;优化改造盲道,帮助视障人群缓解"行路难";免费为流动儿童提供音乐培训,助力"流动的成长"……全省700多万名志愿者积极投身各类志愿服务,让"奉献、友爱、互助、进步"的志愿精神在新时代绽放新光芒。

文明创建,让百姓更富裕,让生活更美好。作为全国群众性精神文明创建活动的发源地,福建将问需于民作为开展

▶ 福州志愿者进地铁车厢开展文明出行宣传(福州市道运中心/供)

各类文明创建活动的根本前提，全面改进创新文明创建工作，不断扮靓城乡形象，丰富城乡内涵。目前，全省共有14个全国文明城市、14个全国文明城市提名城市，设区市级以上全国文明城市占比居全国第三位，群众的获得感、幸福感、安全感不断增强。

展开新时期福建精神文明建设画卷，遍布城乡、单位、校园的文明之花竞相绽放。面对精神文明建设新形势新要求，汲取改革养分，浇灌创新活水，八闽文明之花必将再结硕果。

（四）文化供给异彩纷呈，精神文化生活充实富足

2024年国庆节前夕，一场名为"国之庆典·盛世华章"的文艺晚会在福建省海峡朗诵艺术团悦读空间隆重举行。这场晚会的所有节目均由市民自发编排和表演，人们以丰富的文艺形式，表达了热烈庆祝新中国成立75周年的爱国之情和强国之志。作为福州市区的一处公共文化新空间，福建省海峡朗诵艺术团悦读空间成了远近市民参加文化活动的重要场所，这也是福建省文化供给异彩纷呈的一个缩影。

十年间，福建省建立省市县乡村五级公共文化设施网络，建成730多个公共文化新空间，福建美术馆项目开工建设。截至目前，福建省备案博物馆总数达153家，包括106家国有博物馆和47家非国有博物馆。其中，国家等级博物馆56家（国家一、二、三级博物馆分别为7家、25家和24家）。省图书馆顺利完成搬迁开馆测试，实现正常开放。第七次全国县级以上公共图书馆评估定级中，福建共有87家荣获三级及以上等级，上等级馆比率超90%，为历年来最佳。3个项目入选全国最美

晋江市公共阅读空间
（陈金华／摄）

乡村公共文化空间（创新案例类）前30位。170多件作品参与长三角及全国部分省市最美公共文化空间大赛，参与数在15个赛区中位列第5。推进城乡公共文化一体建设，仅在2023年，全省建成乡镇（街道）综合文化站1112家，村（社区）综合文化服务中心16000多家，基本实现全覆盖。创新布局公共文化新型空间，全省建成公共文化新空间约730个、"百姓大舞台"约500个、乡村戏曲小戏台约5300个。

　　文化服务方面，深化拓展错时延时开放，全省119家公共文化场馆实施错时延时开放；在服务内容上，由提供阅读、艺术普及、展览展示展演等基本服务拓展到"阅读夜市"、艺术夜校等特色化差异化服务。自2019年起，中国金鸡百花电影节连续十年在厦门举办。2022年，4个群众文化节目作品入围第十九届群星奖决赛（群众文化政府最高奖），创2015年文艺评奖制度改革以来新高；厦门六中合唱团荣获群众合唱门类群星奖，是近10年来福建省首次荣获该大奖。突出资源整合，整合本地民俗文化活动品牌、群众文化活动等，打造"大村晚"场景，2024年，全省已举办"村晚"活动500余场，惠及百万人次；12个乡村入选文化和旅游部"四季村晚"主场和示范展示点名单。

群众文化活动方面，福建省常态化开展"欢乐常相逢"——新时代文艺惠民八闽万村行活动，打造"百姓大舞台""村晚""三浦并臻"文化联盟等群众文化品牌，大力推广全民阅读活动、建设"书香八闽"。创新开展福建"小小文旅推荐官"活动，在社会上形成声势、产生反响。第十五届福建音乐舞蹈节、经典诵读比赛、街头文化艺术展演、"阅向未

泉州市国际木偶节展演（邓文祥／摄）

泉州市惠安县涂寨古街再现民俗踩街盛景（涂寨镇/供）

来"青少年演讲比赛等重点群众文化活动影响力进一步增强。

旅游公共服务方面，2023年全省新增3家3C自驾车旅居车营地。支持建设示范性旅游厕所25座，旅游服务中心（点）21个，街头文化艺术项目12个。福州旅游集散服务中心入选2023年全国旅游公共服务"十佳"案例，莆田市"这就是莆田"数字文旅平台入选优秀案例。莆田获评国家历史文化名城，泉州古城入选国家文物保护利用示范区。

公共文化服务体制机制创新方面，福建省统筹推进政府主导、社会参与、共建共享的管理和运行机制，不断完善社会力量参与公共文化服务体系建设的工作机制。创新公共文化服务数字化建设，建立"福建省公共文化服务供需对接信息平台"，形成以"福建文化云""福建文化记忆"数据库群为支撑平台的数字化服务系统。推进公共文化设施有序开放，创新文化志愿服务模式。创立"火花茶会"文艺生产机制，丰富闽派文艺精品供给。

（五）文脉赓续绵延，文艺高峰迭起

2024年10月15日至16日，习近平总书记在福建考察时强调，文化遗产是老祖宗留下来的宝贵财富，要保护好、传承好。要传承弘扬红色文化，建好长汀、宁化长征国家文化公园，深化革命史料和革命文物研究阐释。促进两岸文化交流，共同弘扬中华文化，增进台湾同胞的民族认同、文化认同。依托宗亲乡亲、祖地文化等纽带广泛凝聚侨心。

位于三明市岩前镇的万寿岩遗址，是我国南方典型的洞穴类型旧石器时代遗址，也是华南发现最早的旧石器时代洞

▶ 开元寺东西塔既是中世纪泉州海外交通鼎盛时期社会空前繁荣的象征，也是泉州历史文化名城特有的标志（朱晨辉/摄）

穴居住遗址，被誉为"南方周口店"。它的发现不仅把古人类在福建活动的历史往前推至距今约20万年前，在这里挖掘的文物也和台湾长滨文化遗址的文物遥相呼应，为海峡两岸同根同源提供了有力的佐证。然而，就在20世纪末，这里还是三明钢铁厂的采矿地，开采工作严重影响了万寿岩本体的保护。2000年元旦，时任福建省代省长习近平对万寿岩遗址的保护作出重要批示，明确指出："保护历史文物是国家法律赋予每个人的责任，也是实施可持续发展战略的重要内容。万寿岩旧石器时代洞穴遗址作为不可再生的珍贵文物资源，不仅属于我们，也属于后代子孙，任何个人和单位都不能为了谋取眼前或局部利益而破坏全社会和后代的利益。"自那时起，万寿岩成为考证中华文明源远流长的"幸运儿"，守住了一份中华文明的远古记忆，并开启了它百年文物工程的崭新篇章。

十年间，福建省牢记习近平总书记关于加强历史文化遗产保护传承的重要论述和重要指示精神，自觉扛起保护历史文化遗产的重任。在文化遗产保护方面，"鼓浪屿：历史国际社区""泉州：宋元中国的世界海洋商贸中心"列入《世界遗产名录》。福建省世界遗产数量达5个，并列全国第三位；福建福州茉莉花和茶文化系统、尤溪联合梯田、安溪铁观音茶文化系统成为全球重要农业文化遗产；"送王船——有关人与海洋的可持续联系仪式及实践"、包括福建6项茶制作技艺在内的"中国传统制茶技艺及其相关习俗"、包括福建9项特色春节习俗在内的"春节——中国人庆祝传统新年的社会实践"列入联合国教科文组织人类非物质文化遗产代

世界文化遗产鼓浪屿
（王海燕／摄）

表作名录，福建省成为唯一一个在国际非遗保护三个系列以上获得大满贯的省份；万寿岩、城村汉城遗址入选国家考古遗址公园，昙石山遗址入选"百年百大考古发现"；平潭南岛语族考古基地被评为2023年全国十大考古新发现之一；长征国家文化公园（福建段）建设扎实推进，中央红色交通线等红色旧址保护利用整体谋划实施；让古镇焕发新的活力的"嵩口模式"受到各界关注研究。

文艺来自生活，文艺为了人民。十年间，"闽派"文艺光芒绽放。在创作方面，福建省持续深化文化体制改革，建立完善文艺创作"一库两制"、资金扶持、奖励激励等有利于出人

莆仙戏《踏伞行》荣获第十三届中国艺术节暨第十七届"文华大奖"（莆田市委宣传部／供）

才、出精品的体制机制，构建文艺创作生产全链条、大集群，良好的文艺生态促进八闽文艺园地百花齐放、万紫千红：9部作品荣获第十七届精神文明建设"五个一工程"奖，数量名列各省前茅；莆仙戏《踏伞行》等一大批作品荣获文华大奖、曹禺剧本奖、飞天奖等全国性大奖，连续11届获中国戏剧梅花奖并摘得"双梅花"；实现中国音乐金钟奖历史性突破；成功举办第32届中国金鸡百花电影节、第五届海上丝绸之路国际艺术节等活动。

2024年举行的第九届中国戏剧奖颁奖典礼上，福建成为唯一同时收获三项国家级大奖的省份，总成绩名列全国榜首；《山海情》《古田军号》《那山那海》等一批影视精品享誉全国……"闽派"文艺现象在业界和学界引发热议。一系列优质精神文化产品把八闽文化的历史纵深感、文化厚重感和鲜活时代感充分展现出来，极大增强了福建人民的自信心和自豪感。

（六）挖掘"福"文化深厚内涵，让人民生在福中更知福

福者善建，建者有福。"福"是中华民族对美好生活的期盼祈求和表现形式，"福"文化是中华传统文化重要组成部分，是中华传统文化的优秀基因。作为全国唯一以"福"字命名的省份，"福"文化在福建有着深厚底蕴和历史传承，象征着福建人民对美好生活的朴素追求。除了福建，福州、福清、福鼎、福安等诸多地名，也都与"福"字有不解之缘……从丰富多样的建筑、服饰、饮食风俗，到生动活泼的崇福、祈福、祝福民俗，再到乐善好施、福泽同胞、回报桑梓等传统习俗，福建人民以各种形式传承和演绎"福"元素，以流淌在血液里、镌刻在灵魂中的心理和价值认同，展现着"百姓富"新福建背景下的文化自信和精神气场，形成了国内独特的"福"文化。在新时代持续传承弘扬、创新发展"福"文化，推进"福"文化基因解码及"福"文化谱系建设，有助于彰显"福"的传统意蕴和当代价值，更好地提升文化影响力，展示福建新形象。

◧ 福建永定湖坑客家作大福场面宏大，1000多户村民集中在五峰老土楼前的大福场上，摆出各自的供品（殷伟/供）

2023年，"中国民间艺术（剪纸）之乡""中国书法之乡"漳浦、"中华诗词之乡"浦城、"中国诗歌之乡"霞浦等三个县份以"浦"为线，聚合起"三浦并臻"的文化力量。其中，坐拥千里海疆的霞浦如诗如画、风光旖旎，其独特的海洋文化和诗歌文化享誉国内；素有"闽越文化摇篮"之名的浦城，曾连续两年有考古遗址入选中国十大考古新发现，更是走出了一批国内首屈一指的美术名家；漳浦拥有剪纸、书画等艺术名片及众多传世名家名作，已成为中华民族宝贵的文化遗产。

漳浦四位神剪花姆之一林桃剪纸作品《赛龙舟》（漳浦县融媒体中心/供）

第三章 殷富知礼民安乐：从"百姓富"感受新福建

浦城匡山诗部落（张依婷／摄）

霞浦新春文化大集（霞浦县融媒体中心／供）

2024年，永泰、长泰、泰宁三地以书为媒，跨越山海，再次串联起"三泰书香"的时空网络。三个地方通过挖掘各自的状元文化，从福建深厚悠远的书香文气中，汲取勤学善思的"闽人智慧"，让读书学习成为时代之需、奋进之力、成长之梯，激励广大人民群众以更加丰厚饱满的精神学养建设新福建。

从"三浦并臻"到"三泰书香"，"福"文化的内容被不断挖掘和丰富，这也正是福建致力于中华优秀传统文化创造性转化和创新性发展的生动写照。十年间，福建省委以实施"福"文化传承发展工程为牵引，高位谋划部署，完善顶层设计，创新宣传阐释机制，充分挖掘"福"文化资源，加快"福"文化资源转化利用，全面打响"福"文化品牌，让"福"文化成为"百姓富"新福建的文明底色。

十年间，福建省不仅实现了居民收入的稳步增长，更在就业、教育、医疗等多个领域为人民创造了更美好的生活条件，人民群众的精神文明水平也得到全面提升，获得感和幸福感显著提升。新福建建设的实践经验表明，要始终站稳人民立场，坚持发展为了人民、发展依靠人民、发展成果由人民共享，以民生领域改革促进共同富裕，在推进中国式现代化过程中展现福建作为、谱写福建篇章。习近平总书记要求福建在创造高品质生活上实现更大突破，强调聚焦人民群众所思所想所盼，优先抓好民生领域各项改革。未来，我们仍将坚持以人民为中心的价值取向，从人民整体利益、根本利益、长远利益出发谋划和推进改革，不断满足人民对美好生活的向往。着眼保障和改善民生，深化社会事业改革，完善收入分配制度体系，健全

◤ 2024年4月23日，2024年福建省全民阅读大会暨"三泰书香"全民阅读联盟启动仪式在主会场永泰以及分会场长泰、泰宁三地举行（包华/摄）

高质量充分就业促进机制，完善社会保障体系，健全人口发展支持和服务体系，加快构建房地产发展新模式。巩固提升、因地制宜推广"三明医改"经验，促进医疗、医保、医药协同发展和治理。着眼维护社会大局安定稳定，建设更高水平的平安福建。创造高品质生活幸福地，继续在实现更高水平的"百姓富"之路上坚定前行，使福建人民的美好生活愿景逐一成为触手可及的现实。

第四章

美在山海画廊间：
从"生态美"看见新福建

世界自然遗产、世界地质公园——泰宁大金湖（王惠勇 / 摄）

第四章 美在山海画廊间：从"生态美"看见新福建

▶ 莆田九鲤湖是国家 AAAA 级旅游景区、国家水利风景区、中国祈梦文化发源地，与武夷山、玉华洞并称"福建三绝"（莆田市委宣传部 / 供）

福建，青山绿水，碧海银滩，景色宜人，有"人间福地"之称。习近平同志在福建工作期间，强调"任何形式的开发利用都要在保护生态的前提下进行，使八闽大地更加山清水秀，使经济社会在资源的永续利用中良性发展"。2000年，他担任生态省建设领导小组组长，领导编制《福建生态省建设总体规划纲要》，为福建生态省建设作出20年远景规划。从那时起，福建生态强省建设的步伐始终沿着习近平同志指引的道路前进，推动福建可持续发展，"生态美"成绩斐然。至2024年，福建的各类生态指标优异。福建在保持经济高速增长的同时，自然生态系统覆盖比例高、人类干扰强度低、生物多样性丰富、生态结构完整、生态系统稳定、生态功能完善，生态环境质量保持优良并持续位居全国前列，是名副其实的生态宜居"福地"。

一、"山林为宝"，使福建的山更青

1989年，时任宁德地委书记习近平曾撰文提出："森林是水库、钱库、粮库。"2022年3月，习近平总书记在参加首都义务植树活动时指出："森林是水库、钱库、粮库，现在应该再加上一个'碳库'。"福建是我国南方重点林区，也是我国东南沿海地区重要的生态屏障。山多林多是福建的一大特色和优势，素有"八山一水一分田"之称。福建人民牢记习近平总书记的嘱托，贯彻"三库+碳库"理念，以山林为"宝库"，接续实施沿海防护林工程、江河流域生态林工程、城乡绿化和绿色通道工程，科学开展国土绿化行动，着力推进森林质量精准提升和重点区域林相改善，增强森林生态功能，打造多样森林景观，不断探索怎样让福建山更青。至2024年，全省森林覆盖率连续46年稳居全国第一。全省九市一区全部获评国家森林城市，所有县市均获评省级森林城市。即便是风沙大、难以植树的平潭，森林覆盖率也达到38.85%，远超全国平均水平。

（一）福建林改探索，创造多个"全国第一"

福建"以林为宝"，通过林改探索森林保护与发展结合之路，创造多个"全国第一"。在习近平总书记关怀推动下，福建在全国率先开展以"明晰所有权、放活经营权、落实处置权、确保收益权"为主要内容的集体林权制度改革，建立起责、权、利相统一的集体林业经营新机制，为全国林改提供了许多新鲜经验，发挥了标杆示范作用。

1979年，福建仙游县盖尾公社莲井大队农民李金耀与大队签订了承包1200亩荒山造林的合同，这是全国第一份承包荒山的合同。李金耀也就成为"家庭林场第一人"。

1998年，三明永安市洪田村探索分山到户，成为"中国林改第一村"。

2001年，在武平县捷文村诞生了第一本标注着"林地使用权、林木所有权和林木使用权归林农自己所有"的新式林权证。发端于武平的集体林权制度改革将集体林地使用权和林木确权到户，建立起"山有其主、主有其权、权有其责、责有其

▶ 林改后的武平乡村——中赤镇下营村绿水青山（李国潮/摄）

利"的集体林业经营新机制。中国集体林权制度改革等来了发令枪，并在福建拉开序幕，武平县成为"全国林改第一县"。

近十年来，沿着习近平总书记指引的方向，福建省坚定不移实施"生态省战略"，"不砍树也致富"成为福建谋发展的一道新课题。福建不断收紧林木采伐政策：商品林中杉木采伐年限从16年延长到26年，松木采伐年限从21年延长到31年，位于重点生态区位的977万亩商品林被限伐。福建省采取了五大举措，层层推进，把集体林权制度改革不断引向深入：一是推进重点生态区位商品林赎买试点。2016年，福建省开展重点生态区位商品林赎买等试点工作，实现改善生态与保护林农利益双赢。二是搞活林业金融，盘活集体森林资产。强化金融产品创新，同时推出具有第三方支付功能的"林权支贷宝"新产品和"银行+村合作基金+林农""福林贷"等普惠金融模

▷ "中国林改第一村"三明永安洪田村"分山到户讨论现场"雕塑（王惠勇／摄）

式。三是培育新型经营主体，提升规模化经营效益。福建省成立了223个林权流转服务平台，对依法设立的林业合作经济组织实行"三免三补三优先"扶持政策，助推新型林业经营主体发展壮大。四是科学发展林下经济，实现"不砍树也致富"。五是完善服务体系，便民惠农。提供"一站式"服务，拓展社会化服务，引入市场竞争机制，创新科技服务，开展远程视频培训，全面提升科技服务覆盖面和成效。

2017年5月，习近平总书记对福建集体林权制度改革作出重要批示，充分肯定了福建集体林权制度改革取得的成绩，并为深化集体林权制度改革指明了方向。2021年5月18日，三明市将乐县常口村党支部书记张林顺代表全村领取了全国首张林业碳票。2024年6月25日，全国首批林业"生态票"发放仪式在三明市沙县区高砂镇举行。福建海峡股权交易中心已建成集碳排放权、排污权、用能权交易功能于一体的资源环境生态产品交易平台。三明市永安市发放了首笔林权证贷款，开林权抵押贷款的先河。三明市建宁县还首创了"竹林生物电子化资产票据"，该票据是全国首例可市场交易的竹林生物电子化资产票据，成为福建林改的又一项创新探索成果。

如果说，林改初期解决了"山要怎么分"这一最迫切的问题，深化林改则要持续求解"树要怎么砍""单家独户怎么办""钱从哪里来""生态产品价值如何实现"等更复杂、更棘手的难题。归根结底，是聚焦林改的核心母题：何以兴林富农。以折资量化为核心的各类林业票证，正是围绕这些问题，

▶ 中国碳票第一村——三明将乐常口村（杨婀娜/摄）

嫁接资本市场的运作经验，重构林权的表达形式、林业生产经营的组织体系、生态产品价值的实现方式，在确权的基础上赋权，在定权的基础上活权。近年来，福建各地相继发行林票、地票、碳票、生态票、绿票、竹票等林业票证。尽管名称、样式、运作模式、利益分配方式等不尽相同，但其底层逻辑基本一致：在合作经营的基础上，通过折资量化，将林业资源转化成证券化的票据资产。福建不断深化集体林权制度改革和综合配套改革，多项成绩全国亮眼：重点生态区位商品林赎买等9项改革做法被作为重要改革成果推广到全国；集体林权制度"三多"改革试点取得阶段性成效；三明市首创林票、碳票等做法，成为全国林业综合改革典型；南平"生态银行"入选中国改革年度十大案例；南平入选国家生态产品价值实现机制试点。

在林改政策的促进下，一方面，福建的生态环境不断改善，全省植被生态质量指数和生态文明指数均居全国第一，进一步优化了生态系统，福建省成为全国唯一的水、空气、生态环境连续全优的省份。另一方面，福建的林产业发展迅速。全省林业产业总产值从2002年的635.9亿元增长到2023年的7651亿元，增长12倍，持续保持全国前列。福建全省农村居民人均可支配收入由2014年初的11405元增长到2024年初的26722元，年均增速8.9%，10年间共增长了134.30%。福建林改真正实现了"百姓富"与"生态美"的比翼齐飞。

（二）水土流失治理，让"火焰山"变成"花果山"

福建省山地丘陵面积所占比例达80%以上，由于山高坡陡、土层薄、土壤抗蚀能力差，自然生态环境具有先天脆弱

长汀三洲镇湿地风情
(长汀县水土保持中心/供)

性，再加上人多地少，人地矛盾突出，极易造成水土流失现象。其中，长汀县属亚热带季风气候，降雨量丰沛、土壤抗蚀力差，加上历史上人为对地表植被的破坏，土壤侵蚀严重，是我国南方丘陵红壤地区最典型的水土流失区之一，其水土流失历史之长、面积之广、程度之重、危害之大，居福建省各地之首。

早在20世纪40年代，长汀就与陕西长安、甘肃天水被列为全国三大水土流失治理试验区。1940年12月，中国最早的水土保持机构——"福建省研究院土壤保肥试验区"在长汀河田设立，当时的国民政府试图治理长汀水土流失，但收效甚微。

新中国成立后到1982年，长汀在水土流失治理方面进行了有益的探索，但由于经济条件差、治理手段单一等因素，效果不甚明显。经过改革开放初期的治理，长汀仍有6.67万公顷的水土流失区亟待治理。

习近平同志在福建工作期间，曾5次赴长汀实地调研，9次作出重要指示批示，指导推动了长汀水土流失治理工作。经过锲而不舍、坚持不懈地治理，长汀水土保持与生态文明建设取得了显著成效。

长汀县累计减少水土流失面积109.3万亩，水土流失率降低到6.78%，低于全省平均水平，低于欧美、日本等发达国家水平。森林覆盖率从过去的58.4%提高到现在的80.31%，水土流失区植被覆盖率由10%～30%提高到77%～91%，土壤侵蚀模数由每年每平方千米8580吨下降到980吨，鸟类从100种恢复到306种，生物多样性得到快速恢复；空气环境质量常年维持在国家环境空气质量Ⅱ级标准以上，国控、省控断面水质均达到水环境功能区要求，达标率100%，各乡镇交接断面全年综合水质达标率均为100%，饮用水水源地水质达地表水Ⅱ类标准、达标率为100%，建设生态清洁型小流域27条，实现了从浊水荒山向绿水青山的历史性转变，昔日的荒山秃岭变为绿色家园。

在进一步巩固水土流失治理成果、推动精准治理的同时，长汀着重发展林下经济、乡村旅游、特色农业等产业，把生态优势转化为发展后劲，从当年"火焰山"变成了生态宜居的"花果山"，为全国生态修复保护起到了探路子、树典型、作示范的重要作用。2021年10月，经水利部推荐，《长汀县水土流失综合治理与生态修复实践》成功入选联合国《生物多样性公约》第十五次缔约方大会（COP15）生态修复典型案例，作为世界生态修复实践成功范例向全球公开推广。水土流失治理的"长汀经验"正式走向世界。2023年12月，全国首单水土保持项目碳汇交易在长汀落地，交易碳汇10万吨，总价180万元，实现了零的突破。2024年4月，全国首单跨省水土保持项目碳汇交易又在长汀成功签约，广州市与龙岩市交易碳汇1万吨，总价18万元。

福建始终牢记习近平总书记"进则全胜、不进则退"殷切嘱托，大力弘扬"长汀经验"，举全省之力推动水土流失治理走向决定性胜利。十年来，全省完成新增水土流失综合治理156.3万公顷，水土保持率提升至2023年的92.95%，比全国平均值72.56%高出20.39个百分点，持续保持全国领先水平，已

长汀汀江小流域（长汀县水土保持中心/供）

显著高于欧美（美国87.83%、欧洲88%）、日本（89%）等发达国家和地区，成为南方红壤区水土流失治理典范。

（三）持续造林治沙，打造"最美海岸线"

福建位于台湾海峡西岸，大陆海岸线长3752千米，位居全国第二位，靠海城市有福州、宁德、莆田、泉州、厦门、漳州等6个设区市和平潭综合实验区。"面朝大海"并不一定"春暖花开"，风沙海岸是海峡西岸的重要地貌类型之一。历史上，长乐、平潭、漳浦、东山等地都是风沙重灾区。沿海防护林体系建设工程是福建生态省建设的重要组成部分，历来被誉为"德政工程""造福工程"。

沿海地区土壤盐碱含量高，通透性较差，造林难度大。较之于内陆地区，海岛气候更具有特殊性，台湾海峡夏季盛行西

郁郁葱葱的平潭幸福洋吹沙地沿海防护林（江信恒/摄）

南季风，冬季盛行东北季风。以平潭的海坛岛为例，常年超过7级的大风日数在200天以上，是同纬度内陆地区的6倍，海岛风口地区风力更盛。在原先岛上恶劣的自然条件下，树木难以成活。特别是每逢大风来临，狂风携沙沿风口长驱直入，飞沙走石，毁田埋屋。林业部门资料记载，1950年平潭全县森林面积1000公顷，覆盖率仅0.7%~3%；有124个地处沙荒风口的村庄长期遭受风沙危害，其中39个村庄被迫搬迁，85个村庄准备搬迁。历经平潭几代人前赴后继的不懈努力，平潭实现了从"风起千里沙，居民难安家"到"荒漠变良田，荒岛成绿洲"的华丽转变。

近十年来，在习近平生态文明思想的指引下，平潭沿海防护林进入巩固完善和提升的重要阶段。平潭开展"林业二次创业""建设花园式海岛"，实施五大工程（生态公益林体系工程、沿海防护林工程、生物多样性保护工程、绿色通道和城

绿岛花城中的平潭研斗村（林君斌/摄）

平潭竹屿湾生态整治与修复项目（江信恒/摄）

乡绿化一体化工程、森林灾害防治工程），建设三个基地（木麻黄优良无性系种苗基地、平潭水仙花良种繁育暨生产开发基地、速生丰产林和名特优新经济林基地），完成三大任务（全国防沙治沙综合示范区建设、沿海防护林建设和管护机制改革试点、平潭十八村国家森林公园建设），构筑了新时期林业改革发展宽阔的平台。平潭综合实验区成立后，以"四绿"（绿色屏障、绿色城市、绿色通道、绿色村镇）工程为载体，连续五年实施大绿化工程，每年植树造林1000万株；

2017年开展省级和国家森林城市创建活动，2019年开始实施绿岛花城建设三年行动计划，为平潭"一岛两窗三区"建设奠定坚实的生态环境基础。林业部门根据区党工委、管委会决策部署，按照"山上抓提升、山下抓延伸"的工作思路，全力开展以森林为主体的生态环境建设。至2020年，全区累计完成造林绿化总面积12000公顷以上，森林抚育3000公顷，封山育林7000公顷，森林覆盖率达38.85%，远远超过全国平均水平（24%），创造了"平潭奇迹"。如今，平潭初步建成了带、网、片、点相结合，多树种相配套，整个布局结构趋于科学合理和初具抗御风、沙、水、旱、潮五大灾害的海岛防护林体系，充分发挥了防护林的生态、社会和经济效益。平潭也成为

漳州漳江口红树林国家级自然保护区（戴园笙/摄）

著名的国际旅游目的地。平潭的实践是福建省沿海防护林建设的缩影。

  福建省委省政府高度重视沿海防护林建设，将沿海防护林列为林业"八大工程"首位，多年来持之以恒、久久为功、真抓实干、扎实推进，组织编制和实施《福建省沿海防护林体系建设工程规划（2016—2025年）》。特别是2016、2017、2018年连续3年，把沿海基干林带建设列为为民办实事项目，有力推动了沿海防护林体系建设。

  红树林是沿海基干林带的重要组成部分，在维护滨海湿地生态安全、净化海水、防风消浪、维持生物多样性、固碳储碳等方面发挥着极为重要的作用。福建省自1998年启动沿海防

▶ 闽江河口湿地（林双伟/摄）

▶ 泉州惠安沿海防护林基干林带（黄海/摄）

向新而行——新福建的非凡十年

护林体系建设以来，就把红树林纳入了建设范畴。2020年12月，省自然资源厅、省林业局共同编制印发了《福建省红树林保护修复专项行动实施方案》，规划到2025年营造红树林1.01万亩，修复现有红树林8250亩。沿海县（市、区）在解决好群众滩涂养殖与种植红树林矛盾的基础上，充分挖掘滩涂潜力营造红树林，进一步扩大红树林面积。2022年，福建红树林面积已由2001年的9225亩增加到1.95万亩。

新一期沿海防护林体系建设工程启动以来，福建沿海各地按照国家及省委省政府总体部署和要求，以国家生态文明试验区建设为目标，加大资金投入力度，创新基干林带改造模式，沿海防护林体系建设取得明显成效。沿海防护林建设工程区的林地面积增加到4485万亩，森林覆盖率提高到60.2%，森林蓄积量提高到18886万立方米。目前，全省已建成沿海基干林带面积84.4万亩，长度达2873千米，占宜林海岸线长度的100%，占全省海岸线总长度的67%。

沿海防护林是沿海地区人民的"生命林""保安林"，是保障福建沿海经济繁荣和社会可持续发展的重要支撑。福建通过建设沿海基干林带、保护和发展红树林、保护与恢复滨海湿地等措施，构筑多树种、多层次、多功能、多效益的沿海绿色屏障，持续装点着全国最美海岸线。

（四）森林产业蓬勃发展，创造人民美好生活

近年来，福建接续实施商品用材林工程、竹业花卉与名特优经济林工程、林产工业工程、森林旅游工程，大力培育木材加工、竹业、花卉苗木、森林旅游、林下经济等林业产业。木

（竹）材、花卉苗木、木质活性炭、木制家具等主要林产品产量均居全国前列。

2002年，时任福建省省长习近平同志在政府工作报告中正式对生态省建设作出部署；同年，福建成为全国首批生态省试点省份。福建林产业总产值从2002年的635.9亿元增长到2014年的3971.43亿元，再到2023年的7651亿元，增长了12倍，持续保持全国前列。全省现有境内外上市林业企业23家、国家林业产业示范园区5个、国家林业重点龙头企业37家，累计完成福建林业碳汇交易和再交易391.13万吨、5890.43万元，成交量和成交额均居全国首位。

福建林业最集中的三明、龙岩、南平地区原先都是省级贫困地区，近年来，三地依托林业让山区实现了全面脱贫，使福建率先在全国完成脱贫攻坚任务，大步迈上乡村振兴路。福建还积极引导林区民众建设"森林人家"，开展森林旅游，通过劳务用工、种植养殖、销售土特产等方式，带动贫困人口就业

宁德寿宁县大力发展高山花卉产业，打造乡村振兴新花样（吴苏梅／摄）

莆田九龙谷生态风景区是国家 AAAA 级旅游景区、国家森林公园，是集旅游观光、休闲度假、健身运动于一体的自然生态风景区（莆田市委宣传部/供）

和增收。2007年，福建省率先在全国开展了"森林人家"森林康养旅游建设，以优质的森林环境为背景，以独特的景观为依托，充分利用森林生态资源和乡土特色产品，将森林文化与当地民俗风情融为一体，为康养游客提供吃、住、娱等森林康养旅游产品。

福建森林"粮库"还提供了各种各样的生态产品，丰富了人民的餐桌，促进了百姓的健康。林区盛产粮食、蔬菜、茶叶、食用菌、药材等，生产了市场畅销的优质生态产品，为林农带来可观的收入，也成为吸引游客的重要法宝。如龙岩连城梅花山自然保护区中保留的传统单季稻为受国家认证的

▢ 南平政和稠岭村是国家AAA级旅游景区、中国传统村落、省级生态村、省级旅游特色村、省级美丽休闲乡村、省级森林康养基地、省级金牌旅游村（郭斯杰/摄）

▢ 宁德寿宁托溪乡峡头村梯田丰收在望（陈兆敏/摄）

"富硒米"，因品种独特、品质优异颇受市场喜爱。福建的高山蔬菜因昼夜温差大，口感甜脆，且无农残，也备受消费者欢迎。福建是产茶大省，盛产高山优质茶叶，7类茶中的乌龙茶、红茶、白茶、茉莉花茶均发源于福建，成为森林康养茶文化旅游的首选地。泉州安溪在1985年还是全省最大的"国定贫困县"，通过发展生态茶产业，成为全国最大乌龙茶产地，1995年被国家命名为"中国乌龙茶（名茶）之乡"，1997年被评为"福建省经济发展十佳县"，2002年进入"全国县域经济百强县"。如今，安溪成为全国茶叶生态康养旅游胜地。宁德在20世纪80年代中期还是国家确定的全国18个连片贫困区之一，宁德山区通过发展茶叶、食用菌、水果等特色生态产

三明大田屏山美人茶园（叶嘉勇/摄）

向新而行——新福建的非凡十年

业，古田成为"中国食用菌之乡"，柘荣成为"中国太子参之乡"。同时，宁德还盛产"金线莲"等高档药材，创造了可观的收入。

二、"流水为媒"，使福建的水更秀

水是生存之本、文明之源。福建的山美，福建的水柔，优异的水质滋养着八闽大地。十年来，福建不断探索怎样使福建的水更秀，在全国率先于全县域全流域开展综合治水试验，率先实现公益性小型水库专业化管护县域全覆盖，率先实施江海堤防保险经验全国推广，率先开展河湖健康评价，率先探索水土保持碳汇交易，成功打造激活"闲散水"、循环"再生水"、共饮"优质水"的丰水地区节水特色，最严格水资源管理考核连续3年获评全国优秀，39项改革举措列入国家生态文明试验区推广清单，主要流域国控断面优良水质比例100%，近岸海域优良水质比例92.6%，闽江在全国独流入海的大江大河中水质最好，取得了诸多历史性成就。

（一）建设安全生态水系，绘就人水和谐图景

福建依山傍海，既享有降水充沛、河流密布的资源之利，也深受台风、洪涝、干旱、风暴潮轮番袭击之苦，"兴利除害、造福人民"是福建人民世世代代的夙愿。长期以来，福建积极践行习近平总书记提出的"节水优先、空间均衡、系统治理、两手发力"的治水方针，以木兰溪为样本，谱写了一曲又

泉州德化涌溪水库（郑永集/摄）

一曲水美福建新篇章。

木兰溪发源于戴云山脉，是福建省东部独流入海河流，是莆田人民的"母亲河"。木兰溪夹山而出，绕谷而行，弯多且急，河道狭窄，流域雨量充沛，水位季节变化大，流程短。由于河道弯曲、断面狭窄等独特自然因素，只要上游的仙游东西乡片区一下大雨，下游的兴化平原南北洋片区就水流漫滩，引发洪涝灾害。千百年来，人们进行了艰苦卓绝的努力，但水患难以根治。自宋代开始，民间义士与朝廷命官，如治水女英雄钱四娘、长乐义士林从世、朝廷官员李宏等，都为治理木兰溪作出了不懈努力，筑堰修陂，屡败屡战。终于，1083年，木兰陂建成，为雨季奔腾汹涌的溪水扎上了"腰带"。历经后世修整，木兰陂至今仍发挥着引水、蓄水、灌溉、防洪、挡潮、水运等综合功能，成为我国东南沿海拒咸蓄淡的典型代表工

▎木兰陂是国家水利风景区、全国重点文物保护单位、世界灌溉工程遗产，与都江堰并称"中国古代水利工程文明双璧"（莆田市委宣传部/供）

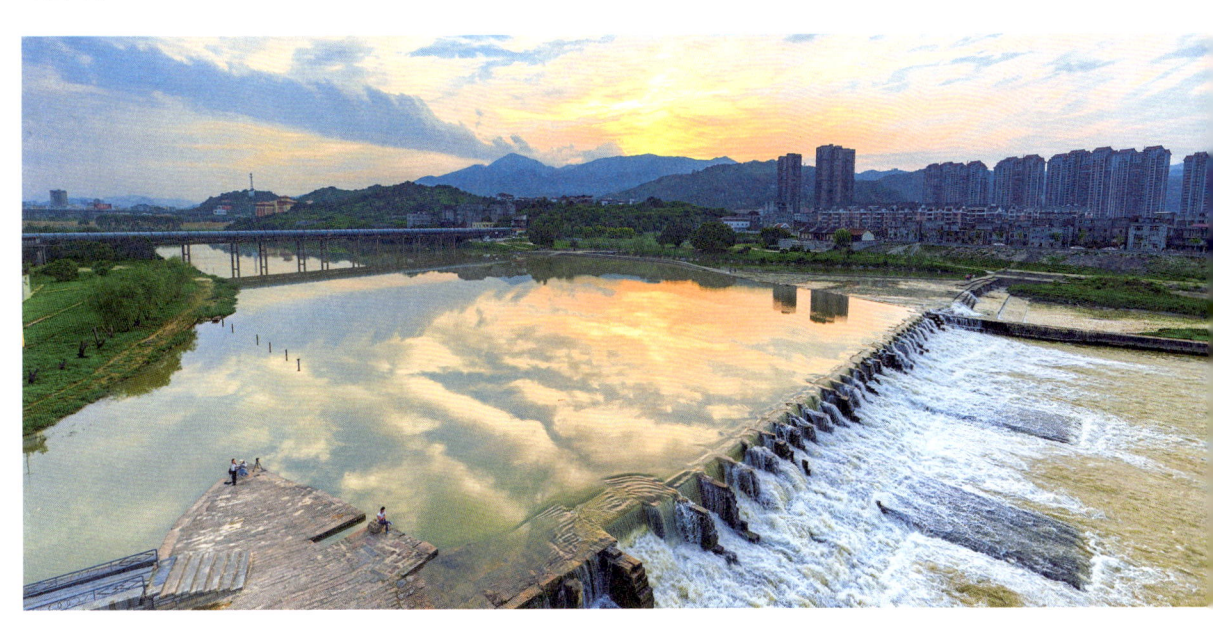

木兰溪中心城区段全景（莆田市委宣传部/供）

程。作为我国现存最完整的古代灌溉工程之一，木兰陂被誉为福建的"都江堰"。

木兰陂展现了古人治水的决心和智慧，虽仍在发挥作用，但是随着时间的流逝，已不足以让莆田人民免受洪水的袭扰。木兰溪平均每10年发生一次大洪水，每4年发生一次中洪水，小灾几乎年年有。木兰溪的生态治理，是当年习近平同志在福建工作期间亲自擘画、推动的。经过持续治理，莆田市主城区结束了不设防的历史。木兰溪形成全新防洪体系，使莆田市中心城区和木兰溪下游防洪能力提高到50年一遇，社会和经济效益显著。木兰溪流域成为全国唯一以流域命名的"绿水青山就

是金山银山"实践创新基地。

近十年来，木兰溪的治理从下游走向中上游，莆田在全国率先开启"防洪保安、生态治理、文化景观"三位一体系统治理模式。在木兰溪上游构筑"保护、治理、修复、法治"四道防线，在下游连通河湖水系，保护生态湿地，建设生态绿心，践行"山水林田湖草"生命共同体理念。木兰溪仙游段开始治理时，水景观项目和防洪工程项目同时启动，沿溪规划多个公园。

木兰溪综合治理使流域水灾频发的状况实现根本扭转，形成了完整的生态水循环系统，生态综合整治干流河道比例超过

70%，城市绿心中水面率达15%以上，流域水质功能达标率达100%，空气质量综合指数连续多年排在福建省前列。莆田全面打造出木兰溪百里风光带，让现代水利文明与木兰陂古代水利文化融为一体。

木兰溪综合治理为福建各地水域综合治理提供了生动的样板。福建在全国率先实施万里安全生态水系建设（即水土保持生态清洁小流域建设），按照体现"八有"（即有常年流水、有清澈水体、有护岸林带、有野趣乡愁、有安全河岸、有自然河态、有丰富生物、有管护机制）的具体目标，用生态的方式改善河水、改良河床、恢复河滩、修复河岸，从而让河流重现生机与活力，防汛减灾能力得到整体性跃升。目前，木兰溪综合治理共实施项目598个，其中"十三五"期间实施3511千米，"十四五"期间计划实施2037千米。"五江一溪"防洪工程体系基本建成，上线运行了数字孪生防汛"千库联调"系统，成功应对2015年台风"苏迪罗"以及"5·18""7·22"特大暴雨洪灾、2016年台风"尼伯特""莫兰蒂"等自然灾害，实现了设防标准内各类水库不垮坝、重要堤防不决口、重要基础设施不受冲击的目标，在2023年防抗台风"杜苏芮""海葵"中实现零伤亡。

在以莆田木兰溪、延寿溪，以及永春桃溪、蕉城霍童溪、建瓯小松溪、沙县沙溪、永泰大樟溪等为代表的一批精品工程带动下，水系安全与生态并重的治理方式正在全省各类水利工程中推广运用，形成了一批社会认可度高、百姓获得感强的河流治理样板，涌现出南平"水美城市"、莆田"荔林水乡"、漳州"五湖四海"、福州"闽都水城"、泉州"清新水域"等

红砖白墙、水清岸绿的漳州闽南水乡（李林／摄）

莆田绶溪公园（莆田市委宣传部／供）

特色鲜明的建设模式，构建了一批分布城乡的水清、岸绿、景美、安全、生态、人水和谐的河流生态走廊。

如今，"白鸟一双临水立，见人惊起入芦花"的美丽画卷已在福建徐徐展开，共享野趣、乡愁的获得感幸福感溢满了福建人民的心怀。

（二）流域保护全面开花，生态修复效益显著

近年来，在习近平生态文明思想指引下，福建在全省打造一批美丽河湖，福建霍童溪（蕉城段）、三明金溪（将乐段）、厦门筼筜湖、南平崇阳溪、敖江（福州段）成为"全国美丽河湖优秀案例"。"清水绿岸、鱼翔浅底"的美丽河湖，为群众提供了优质的生态环境。

福州西湖全景（陈暖／摄）

福州西湖一隅（王惠勇/摄）

▶ 厦门筼筜湖（杨景初/摄）

　　都市人口稠密，资源消耗量大，对生态环境的影响较大，城市内湖的治理一直是老大难问题。20世纪90年代初，福州开始实施西湖清淤整治。此后，福州市突破"就湖治湖"，将西湖治理融入城市更新、历史文化保护、景观风貌建设中。近年来，西湖公园启动生态环境修复提升项目，对西湖公园内孤山宛在、荷亭晚唱、仙桥柳色等景点进行改造，提升公园环境品质。

　　福州市根据西湖历次整治经验，采取"清淤、截污、引水、管理"的综合治理办法，从而使西湖水质得到根本改善。此后，进一步对西湖左海及周边地区进行综合整治，上游的铜盘河、屏西河、梅峰河等截污治理完成后，西湖的水质进一步改善。西湖的综合治理注重生物多样性的保护和利用，使生态

环境达到平衡状态，加强了水体的自洁能力。同时，用综合治理周边环境、建设生态公园的方式，美化了环境，提升了市民保护西湖的意识。

无独有偶，2024年2月，新华社以《从臭水湖到"城市会客厅"——厦门筼筜湖的生态蝶变》为题，报道了厦门筼筜湖的生态修复治理经验。筼筜湖，犹如镶嵌在厦门岛中央的一颗绿色明珠，是厦门生态高颜值的金名片。它的治理，则是都市人海和谐、生态修复的生动典范。筼筜湖位于厦门岛西部，与厦门西海域相通，在历史上曾是天然避风海湾，称为"筼筜港"，涨潮时海水可达江头，港湾面积15平方千米。20世纪70年代，因围海造田，修筑"西堤"围垦，港湾变成内湖，"筼筜港"改称为"筼筜湖"，加上生活污水、工业废水排入，筼筜湖成了令人望而生畏的"臭水湖"，严重影响到居民的正常生活。

1985年，习近平同志担任厦门市副市长。他牵头编制了《1985年—2000年厦门经济社会发展战略》，其中明确提出"创造良好的生态环境，建设优美、清洁、文明的海港风景城市"。1988年，他在厦门主持召开专题会议，确定"依法治湖、截污处理、清淤筑岸、搞活水体、美化环境"的治湖方针，打响了筼筜湖治理的硬仗。历经三期综合整治，筼筜湖水质环境大为改善，还成功构建了"红树林+光滩+潮沟+浅水水域"的近自然湿地生态系统，构建水底生物、鸟类和红树林三者和谐共生的绿色生态系统，有效提升了生物多样性。这种漂浮的红树林"岛"国内独一无二，在世界上极为罕见，已有上百只白鹭在湖心岛上繁殖。

近十年来，筼筜湖开启了第四阶段的综合整治。污水截流工程在应用围堰、闸门、橡胶坝、泵站等传统截流方式的同时，还采用了如破碎格栅、鸭嘴阀、排洪沟等新技术。与此同时，在截流沟口增设超声波液位计等设备及电气自动控制系统，实时监控排洪沟的污水液位。当沟口污水达到控制水位时，自动抽取污水进入污水处理厂进行处理。筼筜湖基本达到"晴天污水不入湖"的治理目标，2018年被提升为厦门唯一的市级湖泊。

厦门人民接续奋斗，使筼筜湖实现了从"筼筜恼火"到"筼筜夜景"的生态蝶变，见证了厦门实现人海和谐、城湾共生的努力和成效。现在的筼筜湖三面为繁华市区，一面临海，水域面积1.6平方千米，环湖绿地面积1.2平方千米，流域面积37平方千米。筼筜湖的综合治理激活了城市的生态"密码"，如今的它不仅是厦门的"城市会客厅"、高颜值生态花园城市的"城市绿肺",更是繁华市中心的城市湿地公园、白鹭的保护区,是现代城市人与自然和谐共生的实践范例。

在木兰溪综合治理、福州西湖综合治理、厦门筼筜湖综合治理等优秀样板的示范带动下,福建全省流域进行了水患治理和河道清淤疏通,江河入海口进行了河海生态衔接,使福建全省的流域保护全面开花。近年来,福建省住建厅将海绵城市建设列为宜居环境建设、民生基础设施补短板、城乡建

福州晋安湖尽显水清、岸绿、景美的生态景观。作为海绵城市建设的示范项目,晋安湖公园综合运用"渗、滞、蓄、净、用、排"的技术方法,因地制宜地设置下凹式绿地、雨水花园、植草沟等海绵设施,将水系治理和生态修复有机结合起来(包华/摄)

设品质提升行动的重要内容，从抓试点海绵向推进全域海绵转变。据统计，"十四五"以来，福建新建改造污水管网2826千米、雨水管网1768千米，完成33个重大易涝点整治，污水集中收集率提升15个百分点，城市可渗透面积占比43%，并先后打造了福州晋安湖、漳州"五湖四海"、莆田木兰溪、厦门筼筜湖、南平云谷水系等示范项目和样板工程，促进了城市水生态修复、水环境改善、水资源涵养、水安全提高。其中，龙岩、南平、漳州3个示范城市积极践行海绵城市理念，聚焦城市内涝、雨水资源利用、水体黑臭等问题，累计生成约580个海绵建设项目，总投资超100亿元。3个城市探索南方山地河谷城市、环国家公园城市和东南沿海城市海绵建设模式，形成了适合南方地域特点、可复制可推广的海绵城市建设经验，为全省和全国推进海绵城市建设发挥了引领作用。2022年绩效评价中，福建省龙岩市、南平市和漳州市3个示范城市全部被评为A。福建省成为全国唯一一个示范城市均取得A档成绩的省份。

（三）水利建设跨越发展，空间配置整体优化

十年来，福建水利建设投资取得跨越性增长，累计完成投资4460亿元，年均投资约446亿元，特别是2024年，预计完成投资580亿元，创历史新高。水资源空间配置得到全局性优化。长泰枋洋、"一闸三线"、罗源霍口等一批具有战略意义的重大工程建成投用，省、市、县三级成功入选全国水网先导区，水资源优化配置与经济社会发展格局基本匹配。城乡供水一体化实现整体性推进。农村自来水普及率95.68%，规模化供水覆盖农村人口比例72.45%，高于全国平均水平。金门马

▶ 龙门滩水库。近年来，泉州德化龙门滩镇始终坚持以河湖长制为抓手，统筹推进水资源、水环境、水生态治理工作，坚持"绿水青山就是金山银山"绿色生态发展理念，持续提质镇村河湖生态品质，努力建设"河安湖晏、岸绿景美、鱼翔莺语、人水和谐"的幸福河湖（郑永集/摄）

▶ 泉州惠女水库（骆明熙/摄）

第四章 美在山海画廊间：从"生态美"看见新福建

漳州西湖生态园。由碧湖、西湖、西院湖、九十九湾湖、南湖和香蕉海、荔枝海、水仙花海、四季花海组成的"五湖四海"已成为漳州的一张名片。"五湖"以水为脉，"四海"以绿为媒，分布在九龙江西溪两岸，共同构建起"一城花海半城湖"的富美漳州（梁健/摄）

祖供水取得历史性突破。向金门供水工程开通6年，累计供水逾3500万吨，日均供水量从初期的0.97万吨逐步提升至2.1万吨；向马祖近期供水工程建成投用。

早在2012年，福建就启动实施《福建大水网规划》，先后建成长泰枋洋、金门供水、闽江口"一闸三线"（大樟溪永泰莒口拦河闸，闽江竹岐至大樟溪莒口补水线路，大樟溪至福州主城区、闽侯、长乐输水线路，大樟溪至福清、平潭输水线路）、泉州"七库连通"（即连通彭村、龙门滩、山美、惠女、菱溪、陈田和泗洲等7座大中型水库）等一批具有战略意义的重大工程。据统计，全省人均蓄水量增至299立方米，福建从单水源保障迈向大水网支撑，水资源优化配置与经济社会发展格局基本匹配。2023年，省政府批复实施新一轮《福建

"三纵八横、三区两带"："三纵"为闽西南、闽江口、闽东等三大水资源配置通道；"八横"为闽江、九龙江、汀江、赛江、晋江、敖江、木兰溪、霍童溪等八条主要江河；"三区"为闽西南、闽江口、闽东等三大区域网；"两带"为山区水资源涵养带、沿海水生态修复带。

省水网建设规划》，按照"统筹山海、连接两岸，北水南调、西水东济"的思路、"三纵八横、三区两带"的省级水网总体布局，谋划实施一批水资源配置、流域防洪防潮、水生态修复与综合治理等重大工程项目，总投资10260亿元，其中2021—2035年计划完成投资8500亿元。目前，福建正以建设省级水网先导区为契机，加快"四大"（大水网、大水缸、大供水、大安全）工程建设，重点推进泉州白濑、宁德上白石、金门供水水源保障和闽西南、闽江口、闽东等一批关系长远发展的骨干蓄引调水项目，为海上丝绸之路核心区建设提供强有力的水资源支撑与保障。

福建还全域推进城乡供水一体化，群众从"有水喝"到"喝好水"。2019年起，福建在全国率先全域推进城乡供水融合发展。工程共涉及73个县（市、区）1.16万个村，计划总投资728亿元，现已全部开工建设，累计完成投资345亿元、

▎晋江流域晋江段（宋琪/摄）

占计划的47%；并有25个县（市、区）实现农村供水工程县域统管。全省农村自来水普及率从2015年的78.8%增至2024年的95.68%。

以永泰县为例。永泰水资源丰富，优质的水源不仅是大自然的美景，还为永泰人民创造了品质生活。永泰大樟溪在境内流长127千米，流域面积2177平方千米，年径流量40.3亿立方米，平均径流量18.45亿立方米。永泰年人均水资源量8028立方米，是整个福州市平均值的8倍、福建省人均水资源量的2.6倍、全国人均水资源量的3.5倍。近年来，永泰重点开发绿色动能，发展新质生产力，建设白云抽水蓄能电站，项目总投资67.3亿元，2023年已全面投产发电，每年可实现碳减排42.2万吨。2024年预计全年税收6500万元，2025年起预计每年税收

永泰大樟溪让游客流连忘返（林双伟/摄）

稳定在1.2亿元左右（不含抽水用电的税收）。永泰县还在筹建龙湘水库，投资约108亿元，总库容量5亿立方米，电站装机容量9万千瓦；建成后供水量达5.1亿立方米，预计每年可增加1亿元生态补偿收入。

在原水利用方面，永泰县开展"一闸三线"工程输出水源，项目线路全长约181.6千米，总投资约61.6亿元，2023年已实现全线通水，已累计供水约1.5亿吨。依托该项目，永泰建立起大樟溪生态补偿机制，每吨生态水价0.2元，每年可带来1.3亿元生态补偿收入。

（四）治理体系和治理能力提升，综合流域治理成效显著

为了不断提升绿水青山守护者的获得感，福建努力探索建立全流域生态补偿机制和跨省流域生态补偿模式，持续拓宽多元化流域生态补偿方式、路径。在省内重点流域方面，按照"改善者受益、恶化者赔偿"原则，逐步推行"双向补偿"，印发《福建省重点流域生态补偿水环境质量因素评分办法》，分水质达标补偿、水质改善补偿两部分开展考评，在全省12条主要流域实施生态保护补偿，强化正向激励和反向约束，进一步推动流域范围内各地区持续改善水质。在重点流域生态补偿资金的带动下，流域内地方政府积极开展水环境综合整治，有效推动水环境质量持续向好，全省水生态环境质量持续改善并继续保持全国前列。自2015年省政府印发《福建省重点流域生态补偿办法》以来，已累计补偿100.85亿元。

◁ 美丽汀江。为守护"客家母亲河"的生态美景，近年来，长汀县深化水土流失治理，严格落实河长制，实行山水同治，进一步加大河道生态保护力度，因地制宜进行景观美化，确保了汀江"河畅、水清、岸绿、景美"（长汀县水土保持中心/供）

在跨省流域合作治理方面，闽粤两省政府于2016年3月签订关于汀江—韩江流域水环境补偿的协议，实施汀江—韩江跨省流域上下游横向生态补偿，资金分配采用双指标考核，既考核污染物浓度，又考核水质达标率，实行"双向补偿"，探索形成"权责共担、环境共治、效益共享"跨省流域生态补偿模式，有力改善了汀江—韩江流域生态环境，为跨省流域生态补偿提供了可复制、可推广的实践经验。汀江—韩江跨省流域入选全国第二批跨省流域上下游横向生态补偿试点，截至目前，已实施了三轮补偿，累计投入资金逾71.62亿元，其中，中央财政支持15.29亿元，广东省补偿资金7.78亿元。汀江—韩江

流域4条河流跨省界断面水质连续多年稳定保持在Ⅲ类及以上。全省水资源空间配置得到全局性优化。

福建还推广实施水权交易，让"有看头"成为"有赚头"。早在2008年，福建便开展了水权交易试点。16年来，福建持续健全交易机制，细化用水权初始分配，将2025年和2030年的用水总量指标细化至县域，对20条跨县流域水量进行了精心分配，核发河道外取水许可证3983本，许可水量146.6亿立方米，其中涵盖公共供水、农田灌溉、水产畜牧养殖及自备水源工业服务业等多个领域。2022年2月，全省首个水权交易平台落户厦门，该平台通过运用市场机制和信息技术推动水权交易，并结合"厦绿融"数字化绿色金融系统，为水权流转交易提供便捷高效的一站式服务。2023年2月，龙岩市上杭县完成全省首单区域水权交易，成功入选全国"水利领域盘活存量资产扩大有效投资典型案例"。2024年，龙岩又完成了全省首单跨县域的水权交易。截至2024年9月，全省累计完成水权交易92单，交易水量3436.5万立方米。

为了有效调动地方政府履行好河湖管理、保护主体责任，促进河湖管理有人、管得住、管得好，福建早在2014年就在全省推行河湖长制，出台了《福建省河长制实施方案》，明确3位副省长担任3条跨设区市河流河长，市县分级分段设立河长，水利、生态环境、住房建设部门分别联系。2017年以来，全省累计整治河湖库"四乱"（乱占、乱采、乱堆、乱建）问题2万余个。2023年，全省主要流域Ⅰ～Ⅲ类水质比例99.0%，比全国平均高9.6个百分点，居全国第5位。2024年上半年，全省主要流域Ⅰ～Ⅲ类水质比例99.0%，比全国平均高10.2个百分点，居全国第2位；小流域Ⅰ～Ⅲ类水质比例

游乐龙舟满载乘客在福州白马河行驶（陈暖/摄）

96.8%，县级以上和农村"千吨万人"集中式生活饮用水水源地水质达标率均为100%。至2023年底，福建河湖长制工作连续6年获得国家正向激励。

福州晋安河、白马河污水治理成效就是河湖长制的生动佐证。福州建立并完善了内河名录制度，每条内河不仅有自己的"身份证"，还配备了"政府河长"和"企业河长"，主要内河的"政府河长"由各区主要领导担任。白马河原先河道淤积，河水脏臭，经过清淤整治，两岸步道全面亮化提升，五光十色的树影倒映在河面上，美不胜收，成为"福船"徜徉的城市文化旅游航线。

晋安河全长约7千米，贯穿晋安、鼓楼和台江3个区，2017年，晋安河进行清淤和改造，计划投用游船。那时候的河道满是淤泥，水位无法得到调控，行船难度极大。此外，废水、生活垃圾的排放，导致河道异味、蚊虫肆虐，使得很多市民不相信晋安河能通航。2019年，晋安河完成全面整治，福州市也开通晋安河游船一期项目，每天都有游船伴随着清风往来于河面。

三、"可持续发展"，使福建更清新多彩

"天育物有时，地生财有限。"生态环境没有替代品，用之不觉，失之难存。人类发展活动必须尊重自然、顺应自然、保护自然。地处温暖湿润的亚热带海洋性气候区，福建四季常绿。这里是中国最早开展生态省建设的省份，也是全国首个生态文明试验区。如今，"清新福建"日益成为人们向往的绿色福地，更是"美丽中国"的一张亮丽名片。

闽江两岸风光（林双伟/摄）

（一）天朗气清——呼吸空气都是甜的

"不砍树也致富，哪能想到，如今'空气'也能卖钱了！"回忆代表常口村领取到全国首张林业碳票时的情景，三明市将乐县高唐镇常口联村党委书记张林顺仍然难掩兴奋。2021年5月，三明市举行林业碳票首发仪式，签发、转让首批林业碳票5张，共计碳汇29715吨，涉及常口村的3197亩生态公益林。这批林业碳票为常口村村集体带来了14万元收入。2022年9月，常口村村民收到了首批林业碳票分红。

▶ 水清岸绿的旗山湖是福州最大的绿色生态景观湖（林双伟/摄）

近年来，泉州洛江区大力推进"五化"提升工程，让城市绿化、道路绿化与沿线生态资源相结合，促进百姓生活更幸福、城乡面貌更美丽。图为阳江公园1.5千米的绿道提档升级后的景观（林海俊/摄）

福建深入实施蓝天、碧水、碧海、净土四大工程，下大力气解决老百姓"家门口"的噪声、油烟、恶臭、扬尘等问题，提供更多优质生态产品，不断提高群众生态环境获得感；充分发挥生态优先导向和倒逼作用，积极稳妥推进碳达峰碳中和，深入推进产业结构、能源结构、交通运输结构等调整优化，加快形成绿色生产方式和生活方式，努力建设更多的"零碳岛""零碳村""零碳园区"等，着力推动经济质的有效提升和量的合理增长，厚植高质量发展绿色底色。

"在这里，呼吸空气都是甜的。"福建被誉为中国"最绿"的省份，公众生态环境满意度连续多年保持在93%以上；全省空气质量优良天数比例98.3%，远高于全国平均水平，目前已获得"中国天然氧吧"生态名片的地区达13个。

（二）万物并育——生物多样性的福地

万物共生各异其趣，美美与共各显其美。生物多样性是人类生存和发展、人与自然和谐共生的重要基础，更是地球家园所有生命共同体的血脉和根基。

守护野生动物、坚持人与自然和谐共生，正是保护生物多样性的生动体现。作为动物、植物、微生物与环境形成的生态复合体，以及与此相关的各种生态过程的总和，生物多样性既是人类赖以生存的条件，又是经济社会可持续发展的基础，还是生态安全和粮食安全的保障。

习近平同志在福建工作期间，组织审议通过《福建省自然保护区管理办法》等十余部资源开发、环境治理、区域保护、生态建设方面的法规制度，建立严密的法治保障体系。福建人民牢记嘱托，接续奋斗，着力在体制机制创新上下功夫，大胆改、深入试，《国家生态文明试验区（福建）实施方案》中的26项重点任务全面完成，按期取得38项重大改革成果，39项改革举措和经验做法向全国复制推广。生态文明体制机制创新已成为福建高品质生态环境建设的"加速器"和"驱动力"。

近年来，福建持续推进小锅炉、水泥、钢铁等行业整治，提升畜禽和水产养殖污染防治水平，加快入河入海排污口整治提升，深化城镇生活污水处理提质增效，强化土壤污染源头防控，推进全省域"无废城市"建设，历次国家污染防治攻坚战成效考核均为优秀。

泉州惠安生态良好，吸引大片白鹭来此栖息（陈惠霞/摄）

第四章　美在山海画廊间：从"生态美"看见新福建

优良的生态使得福建生态体系发育完善，孕育了福建丰富的生物多样性，野生动植物物种数位居全国前列：有国家重点保护野生动物291种，其中一级保护65种、二级保护226种；国家重点保护野生植物130种及变种，其中一级保护9种、二级保护121种。目前全省已划定生态保护红线4.34万平方千米，涵盖全省95%以上的重点保护动植物物种栖息地、70%以上的典型生态系统。

（三）吐纳天地——遍布福建的湿地系统

湿地被誉为"地球之肾"，虽然仅覆盖地球表面的6%，却为地球上20%的已知物种提供了生存环境，具有不可替代的生态功能。中国湿地面积占世界湿地的10%，而福建的湿地系统更是其中的重要组成部分。其中，福州长乐闽江口湿地和漳州漳江口红树林国家级自然保护区被列入"国际重要湿地"名录，此外还有龙岩长汀汀江、龙岩漳平南洋、三明建宁闽江

漳州漳江口红树林国家级自然保护区（张晗 / 摄）

▶ 成群的白鹭在泉州湾河口湿地栖息觅食（张九强/摄）

源、三明永安龙头、泉州永春桃溪、龙岩武平中山河、南平政和念山等7个"国家湿地公园"。

福建历来重视对湿地的保护，早在2016年便出台了《福建省湿地保护条例》，为全省湿地保驾护航，为2022年6月施行《中华人民共和国湿地保护法》提供了探索经验。许多著名湿地也因成功的保护，而成为新兴旅游景点。

位于漳州云霄入海口的漳江口红树林国家级自然保护区总面积达2360公顷，是以保护红树林及其栖息野生动物为主要对象的湿地类型自然保护区，拥有着中国天然分布最北的大面积的红树林，是中国北回归线北侧种类最多、生长最好的红树林天然群落。

2023年，福州长乐闽江口湿地同样跻身"国际重要湿地"。这里有着种类繁多、数量庞大的珍稀鸟类，已成为全国著名的观鸟基地和环保宣传平台。

如今的福建湿地,时时都是"草长莺飞二月天",不仅有花海漫漫,更有蒹葭苍苍,一片片湿地就像一艘艘生态文明的航母锚住了我们关于传统诗意的美好想象;如今的福建湿地,处处都有"万类霜天竞自由",收复"失地",唤回飞鸟,鸟的种类和数量越来越多,无数长着翅膀的欢快精灵不时穿行其间,成为湿地的新主人。十年间,福建湿地生态系统强势拉动旅游经济,成为助力经济社会发展的生态引擎。

潮起东南、鸥鸣四海,福建湿地的国际影响力仍在不断攀升,未来还将为全球湿地保护、利用与治理提供可复制、可推广、可持续的经验,在"闽山闽水物华新"的动人诗篇里继续守护好美丽中国和世界未来!

龙岩武平中山河国家湿地公园(李国潮/摄)

四、"人与自然和谐",使福建的生活更美

良好生态环境是最公平的公共产品,是最普惠的民生福祉。清新福建,美不胜收;人文福地,繁荣祥和。在福建,山清水秀的灵气与安居乐业的福气,共同孕育了这一方水土弦歌倡学的文气和顶天立地的底气。

(一)山水孕人文,人文显山水——世界文化与自然遗产

2024年9月4日,武夷山国家公园福建管理局在武夷山市正式挂牌。作为我国首批正式设立的5个国家公园之一,武夷山国家公园是我国唯一的既是世界生物圈保护区,又是世界文化与自然遗产的国家公园,横跨福建、江西两省,总面积1280平方千米,其中,福建省域内1001平方千米。武夷山国家公园整合了福建武夷山国家级自然保护区、武夷山国家级风景名胜区、九曲溪光倒刺鲃国家级水产种质资源保护区和国家森林公园等不同类型的保护地。

早在1999年12月,武夷山就被联合国教科文组织列入《世界遗产名录》,成为我国的一处世界文化与自然遗产。生态是武夷山的一张金字名片,这里地处亚热带常绿阔叶林区域、中亚热带常绿阔叶林地带,森林覆盖率高达96.72%,是中国11个具有全球意义陆地生物多样性保护的关键地区之一。自然环境多样,发育着多种多样的植被类型,还有210.7平方千米原生性森林植被未受到人为破坏,是世界同纬度保存最完

云雾缭绕的武夷山景区（邱汝泉/摄）

整、最典型、面积最大的中亚热带森林生态系统，共记录高等植物261科2866种。复杂的地貌和多样的环境，也为野生动物栖息繁衍提供了理想场所，因而武夷山又被中外生物学家誉为"蛇的王国""昆虫世界""鸟的天堂""世界生物模式标本的产地""研究亚洲两栖爬行动物的钥匙"。

钟灵自然孕育着显赫人文。古时候，武夷山所在的建州是福建得名来源之一，是福建文化的发源地之一及闽越文化的摇篮，被誉为"闽邦邹鲁"。这里的城村汉城遗址，又名古粤城、闽越王城，早在1996年就已被国务院列入全国重点文物保护单位，是全国保存最完整的汉代古城之一。

武夷山国家公园围绕建设"文化与自然遗产世代传承、人与自然和谐共生的典范"目标，突出自然和人文兼备、保护和发展兼容、全民和集体兼顾、科研和游憩兼具，高起点高标准、高质量推进，逐渐成为"绿水青山就是金山银山"的生动实践。

2021年3月，在福建考察的习近平总书记来到武夷山的燕子窠生态茶园和朱熹园，强调要统筹做好茶文化、茶产业、茶科技这篇大文章，要推动中华优秀传统文化创造性转化、创新性发展，以时代精神激活中华优秀传统文化的生命力。茶文化和朱熹文化正是掩藏在武夷山自然衣下的传统魂。

（二）荷风担露，耕云种月——全球重要农业文化遗产

福建负山面海、山水交汇、文化交融，孕育了独具特色的农耕文明。人们在这里生存，利用自然、改造自然、保护自然。至今，我们仍可以从福建的众多农业文化遗产中，窥探这里根深蒂固的天人合一的观念。

农业文化遗产蕴含着丰富的社会、经济、文化、生态价值，主要是指人们在与所处环境长期（一般应为100年以上）协同发展中世代传承并具有丰富的农业生物多样性、完善的传统知识与技术体系、独特的生态与文化景观的农业生态系统，它们不仅是杰出的景观，对于保存具有全球重要意义的农业生物多样性、维持可恢复生态系统和传承高价值传统知识与文化活动也具有重要作用。2002年，联合国粮农组织、开发计划署和全球环境基金设立"全球重要农业文化遗产"项目，对全球重要的受到威胁的传统农业文化与技术遗产进行保护。

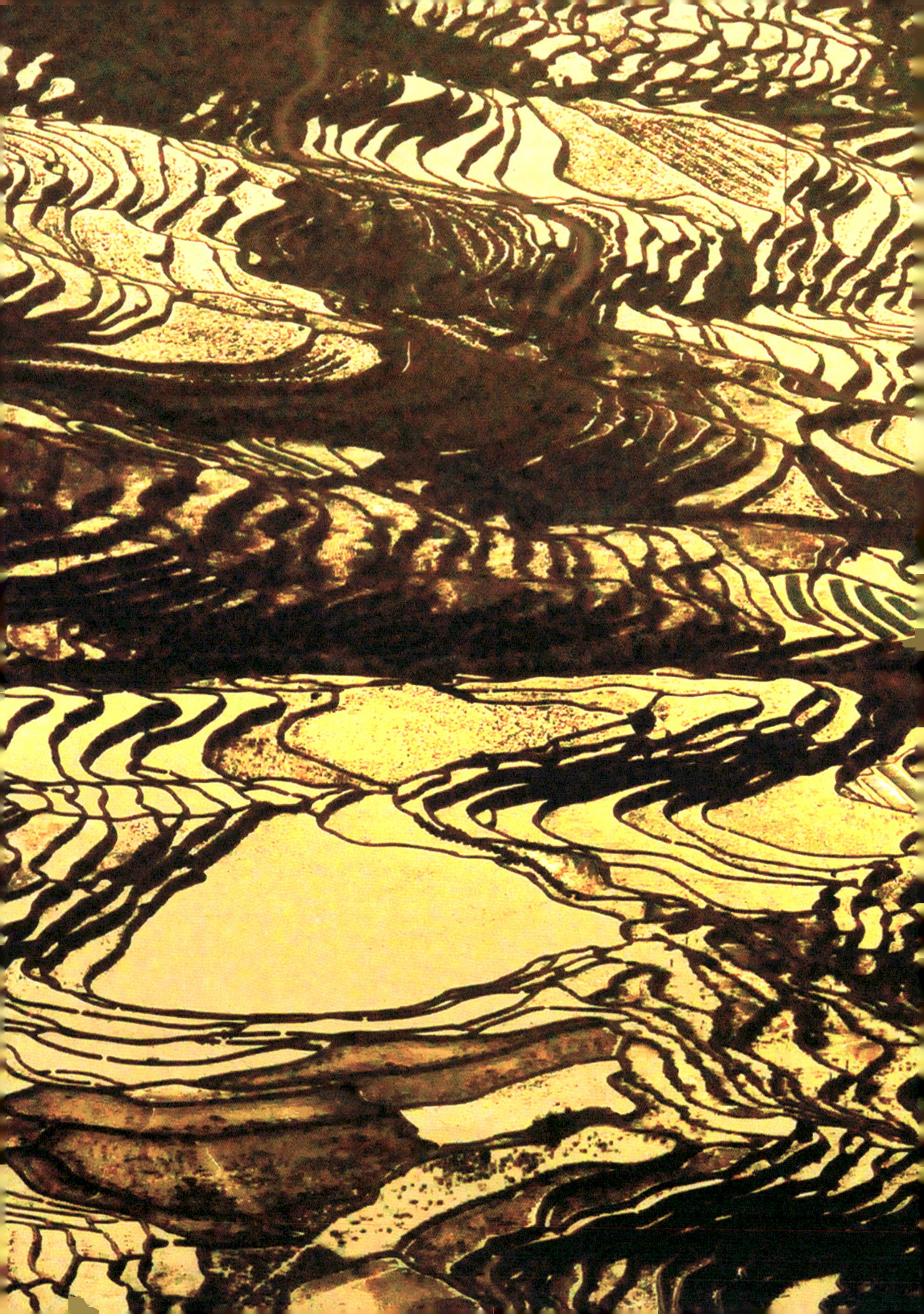

三明尤溪联合梯田
（王惠勇/摄）

2009年，该项目在中国正式启动。2012年3月，农业部正式启动了"中国重要农业文化遗产"发掘工作，中国成为世界上第一个开展国家级农业文化遗产评选和保护的国家。

福建的农业文化遗产辐射范围大，几乎涵盖了这里所有的乡村；福建也一直十分重视农业文化遗产的保护，现今的农业文化遗产数量在全国名列前茅。这里拥有3项全球重要农业文化遗产：2014年福建福州茉莉花与茶文化系统入选；2018年"中国南方稻作梯田系统"入选，福建三明尤溪联合梯田为"中国南方稻作梯田系统"4个子项目之一；2022年安溪铁观音茶文化系统入选。

（三）人居福地，城在景中——"福道"牵手"串珠公园"

2021年3月24日，习近平总书记来到福州考察调研，实地了解郊野福道风貌，指出福州是有福之州，生态条件得天独厚，希望继续把这座海滨城市、山水城市建设得更加美好，更好造福人民群众。

福州历史上就是一座"山水之城"，丘陵错落有致、河道星罗棋布。从2017年开始，福州提出了打造内河串珠公园的概念，通过内河网络串联起福州历史人文和自然风光，建成"串珠公园"超过200座，将原先零散分布在市区的大小公园串联成公园网络。市民出门百余米就可以入网，漫步于林荫道和休闲步道，不仅能享受连贯的林荫，感受内河的"水清、河畅、岸绿、景美"，还能选择两三个大公园，作为串珠公园游的目的地。在这些游览线路中，南北走向的白马河、琼东河、晋安河、浦东河、磨洋河、凤坂河等，东西走向的安泰河、

▎福州福山郊野公园彩虹步道。2021年3月，习近平总书记在福建考察时强调，福州是有福之州，生态条件得天独厚，希望继续把这座海滨城市、山水城市建设得更加美好，更好造福人民群众。好山好水，孕育幸福之城。牢记总书记殷殷嘱托，近年来，福州大力保护城市山水格局，规划绿色发展空间，山水城人和谐共融的生态之城建设取得了新成效，已成为福州市民幸福生活的亮丽底色（林双伟/摄）

第四章 美在山海画廊间：从"生态美"看见新福建

晋安湖环湖航线游船从晋安湖2号码头出发（陈暖/摄）

东西河、三捷河、达道河等，都是串珠公园游的主线。阳光倾泻，蓝天、白云、绿树、高楼倒映水中分毫毕现，颇为好看，各式各样的花木种植其间，一年四季都可以扮靓公园。

"串珠公园"的建设，首先遵循的是保护生态的"九有"原则。福州市区的200座串珠公园，具备了"安全生态水系"的九要素："一有自然弯曲的河岸线；二有深潭、浅滩、泛洪漫滩；三有天然的砂石、水草、江心洲（岛）；四有常年流动的水，水质达到水功能区保护标准；五有丰富的水生动植物，具备生物多样性；六有安全、生态的防洪设施；七有野趣、乡愁；八有划定岸线蓝线、落实河长制、推行河道管养制度等管理措施；九有会呼吸的水岸。""九有"原则是从一座座公园的建设中集纳的智慧。公园建设的过程中，有关部门特别注重对动植物的保护，白湖亭河郭宅段牛道村，不到200米的河岸上有28棵苍翠遒劲的大榕树。不少村民希望能保住这28棵大树。园林部门和规划、建设等部门及项目投资方多次在现场走访沟通，最终采用了向西平移河道的方式，留下了一片原生态的林荫。

福州还修建了"福道"，与"串珠公园"衔接，共同营造福州的园林生态美景。"福道"全称"福州城市森林步道"，长约20千米，于2015年修建并于2016年初开放，是福州一条无障碍山地绿道。福道是为了让福州山体成为城市公共

福州福道（王惠勇/摄）

三明市区绿道（王惠勇/摄）

开放空间而建造，最早是金鸡山公园栈道，后于2015年动建金牛山城市森林步道，2016年开建福山郊野公园步道，2018年获新加坡设计领域最高奖项——新加坡总统设计奖，2019年获得国家钢结构行业工程质量的最高荣誉奖——中国钢结构金奖。

福州福道作为全国首条、亚洲最长的钢结构空中森林步道，贯穿福州左海公园、梅峰山地公园、金牛山体育公园、国光公园、金牛山公园。其创造性地提出全线无障碍高空镂空栈道的设计理念，充分考虑区域的环境影响、游客的舒适性、景观工程特殊体验等要求，实现环山而建、山中看城，山地公园健身运动、观光休闲、康体娱乐一体化，实现了全过程环保与生态系统的优化配置。福道全程体现览城、观景、休闲和健身等各种功能。

除了福州的福道，全省其他地方的城市步道，也在扮靓自己的城市。三明城市绿道，在群山怀抱中绵延近20千米；龙岩的全民健身慢道，宛若一条绿丝带飘动在潺潺的龙津湖边；莆田已完成500多千米的莆阳福道建设，全面串联城乡自然与人文景观……各地的福道托举着八闽儿女的美好生活，共同奔赴伟大复兴。

（四）生态美景促进全省文旅发展

生态保护使得福建的景色越来越美，景点越来越多。目前，福建有358处自然保护地，其中国家公园1处、自然保护区111处、风景名胜区53处、森林公园154处、地质公园24处、湿地公园8处、海洋公园7处。这些资源有力地促进了福建的生态文化旅游产业发展。

至2023年，福建持续做热文旅市场、做实文旅融合、做强文旅经济，加快打造世界知名旅游目的地，全省文旅经济呈现"量质齐增、快速回暖"态势。2023年，福建省接待旅游总人数、实现旅游总收入分别为5.72亿人次、6981亿元，同比分别增长45.9%、61.3%，恢复水平走在全国前列、领先东部省份。在全国率先探索文旅产业核算体系，经测算，全年全省文旅经济总产值规模达1.38万亿元、同比增长8.8%。福建举办海洋旅游高质量发展创新交流会暨第三届海洋旅游学术会议，启

黄塘溪沿线田园风光+乡村振兴示范项目成为泉州市典范（王胜/摄）

动《福建省海岛旅游总体发展规划》编制。

生态旅游成为福建旅游新宠。如福建新增"全域生态旅游小镇"22个；成立福建森林风景道旅游联盟，利用丰富的生态资源、多元的文化习俗，推动沿线发展绿色生态旅游。推动连城冠豸山通过AAAAA级景区景观价值评审。推动各地完善乡村旅游服务设施，21条线路入选"乡村四时好风光"全国乡村旅游精品线路。联合福建省海洋与渔业局培育22家"水乡渔村"休闲渔业基地；联合福建省交通运输厅推荐的平潭国际旅游岛北部生态廊道入选第一批交通运输与旅游融合发展典型案例等等。

十年间，从创建全国首个省级生态文明先行示范区，到建设全国首个国家生态文明试验区，福建始终践行习近平生态文明思想，坚持生态优先、陆海统筹的绿色发展道路，深入实施生态省战略，扎实推进国家生态文明试验区建设。2024年10月15日至16日，习近平总书记在福建考察时指出，要深化国家生态文明试验区建设，构建从山顶到海洋的保护治理大格局，加强重点领域、重点流域、重点海域综合治理，扩大生态环境容量……深化集体林权制度改革，发展森林食品、林下经济，不断挖掘培育"森林粮库、钱库"。习近平总书记还勉励我们，要接续努力，让绿水青山永远成为福建的骄傲。未来，我们仍将继续带着这份山清水秀、景明人和的福气，进一步树牢绿水青山就是金山银山的理念，深化生态文明体制改革，协同推进降碳、减污、扩绿、增长，切实巩固绿水青山优势、厚

▷ 湄洲岛是国家AAAAA级旅游景区、国家级风景名胜区、国家级海洋公园（莆田市委宣传部/供）

南平松溪湛卢山风光
（周燕兰/摄）

植金山银山潜力。进一步健全生态系统保护修复长效机制，深入抓好中央生态环境保护督察反馈问题整改，完善生态文明基础保障制度，加强重点领域、重点流域、重点海域综合治理，构建从山顶到海洋的保护治理大格局。进一步完善绿色低碳发展机制，建立能耗双控向碳排放双控全面转型新机制，打造绿色低碳产业和供应链，推进绿色金融改革创新试验区建设，推动形成绿色低碳的生产方式和生活方式。进一步探索生态产品价值实现机制，拓展市场化生态激励机制，推进全国深化集体林权制度改革先行区建设，不断挖掘培育"森林粮库、钱库"，坚持生态环境"高颜值"和经济发展"高素质"协同共进，拓宽绿水青山向金山银山的转化通道，让美景良辰与美好生活常相伴。

致未来：
福者善建，建者有福

▶ 漳州东山澳角村双月湾滨海美景。2024年10月15日至16日，习近平总书记在福建漳州、厦门等地考察调研时强调，要全面贯彻新发展理念，坚持稳中求进工作总基调，扭住建设机制活、产业优、百姓富、生态美的新福建目标不放松，一张蓝图绘到底，继续在加快建设现代化经济体系上取得更大进步，在服务和融入新发展格局上展现更大作为，在探索海峡两岸融合发展新路上迈出更大步伐，在创造高品质生活上实现更大突破，进一步全面深化改革，全方位推动高质量发展，在中国式现代化建设中奋勇争先（饶超毅/摄）

向新而行——新福建的非凡十年

致未来：福者善建，建者有福

2024年10月，在新中国成立75周年之际，在党的二十届三中全会胜利闭幕不久，在新福建建设10周年的新起点上，习近平总书记到福建考察调研，这是全省人民政治生活中的一件大事、喜事，在福建发展历程中具有重大里程碑意义，充分体现了人民领袖对八闽大地的惦念牵挂、对福建人民的深情厚谊、对福建工作的关心支持、对福建发展的殷切期望。习近平总书记殷切希望福建在中国式现代化建设中奋勇争先。"奋勇争先"是对福建各项工作的整体要求，我们既要在推动发展上"对标一流、争先进位"，又要在改革开放上"彰显担当、创造经验"，还要在履职尽责上"锐意进取、开拓创新"，进一步全面深化改革。

福者善建，建者有福。

多年来，福建上下牢记嘱托、感恩奋进、实干担当，在中国式现代化中奋勇争先，一点点将领袖的期望变成现实：我们一张蓝图绘到底，一任接着一任干，凭借的是滴水穿石的韧劲和爱拼会赢的闯劲；我们凝心聚力谋复兴，兼济天下促大同，展现的是海纳百川的胸襟和感恩奋进的担当。

如今的福建，"八山一水一分田"和"闽山闽水物华新"古今交汇，催生谋福家国的志向；"一带一路枢纽点"和"人类命运共同体"隔空交响，彰显兼济天下的情怀；"开眼观世第一人"和"改革开放新篇章"承前启后，展露肇始开先的锐气；"滴水穿石久久为功"和"真抓实干马上就办"一脉相承，锤炼求真务实的作风。

往昔已展千重锦，今朝更进百尺竿。

习近平总书记考察福建时的重要讲话，对福建各项工作取得的成绩给予肯定，并对下一步工作提出明确要求，为福建改革发展把脉定向、指路引航，系统阐明新时代新征程福建干什么、福建怎么干、福建党员干部应如何担当作为等重大问题，具有很强的政治性、战略性、指导性和针对性，是指导福建工作的纲领性文献和根本遵循。

在新的征程上，我们将把习近平总书记此次在福建考察时的重要讲话精神，与习近平总书记在福建工作期间的重要理念和重大实践，与习近平总书记党的十八大以来对福建工作的一系列重要讲话重要指示批示精神，与习近平总书记党的二十大以来围绕推进中国式现代化、构建新发展格局、推动高质量发展、进一步全面深化改革等作出的一系列重要要求紧密结合起来，立足新福建建设十年来的基础，从省情实际出发，对各项工作的思路举措进行再梳理、再完善、再细化，找准着力点和突破口，推动新福建各项事业发展再上新台阶。

未来，我们靠什么？

2023年，福建省探索闽台乡建乡创助力乡村振兴模式。图为福州市罗源县起步镇集镇环境整治合作样板（陈韶华/摄）

致未来：福者善建，建者有福

全球首个漂浮式风渔融合项目在福建莆田安装完成（莆田市委宣传部/供）

机制更活，依然是我们的制胜法宝。

我们要坚定沿着习近平总书记指引的方向感恩奋进，深入学习贯彻习近平总书记关于全面深化改革的一系列新思想新观点新论断，坚决贯彻落实党中央改革决策部署，以制度建设为主线统筹推进各领域改革，统筹抓好经济、政治、文化、社会、生态和党的建设等各领域改革任务，加快建设现代化经济体系，在服务和融入新发展格局上展现更大作为，在解决体制性障碍、机制性梗阻、政策性创新方面取得实实在在的改革成果。我们要充分发挥福建特色优势，持续探索海峡两岸融合发展，深化集体林权制度改革、医药卫生体制改革，创新发展"晋江经验"，优化营商环境，坚持开放型经济新体制、新时代科技特派员制度、区域协调和城乡融合发展体制机制等一系列具有福建特点的改革创新实践，提升文化影响力，展示福建新形象，在全面深化改革、扩大高水平开放的伟大历程中奋勇争先，彰显福建担当，贡献福建经验。我们要大力传承弘扬改革中的开拓创新精神、实事求是精神、坚韧不拔精神、顾全大局精神，深化拓展"深学争优、敢为争先、实干争效"行动，以钉钉子精神抓好改革落实，再造体制新优势，激发机制新活力，奋力争创改革开放引领地，建设海峡两岸融合发展示范区。

未来，我们做什么？

产业更优，依然是我们的发展方向。

产业是生产力变革的具体表现形式。福建实体经济根基稳，民营经济向来发达，投资兴业环境不断优化，新产业新动能正在加速培育，新业态新模式正在蓬勃发展，发展新质生产力具有良好的产业基础。我们要加快构建体现福建特色、彰显福建优势的现代化产业体系，坚持把发展经济的着力点放在实体经济上，巩固提升传统优势产业，培育壮大战略性新兴产业，前瞻布局未来产业，实施产业链群提升行动，以科技创新引领产业创新，以产业创新推动科技创新，推动产业体系智能化、绿色化、融合化，增强产业体系完整性、先进性、安全性，奋力争当高质量发展先行者。

未来，我们为什么？

百姓更富，依然是我们的奋斗目标。

民之所望，政之所向；民之所得，政之所乐。我们要坚持以人民为中心的发展思想，深入实施区域协调发展战略、新型城镇化战略、乡村振兴战略，以缩小地区差距、城乡差距、收入差距为主攻方向，以增进人民福祉为落脚点，千方百计促进就业增收，多措并举建设教育强省，全心全意守护人民健康，尽心尽力加强社会保障，百花齐放发展文体事业，扎实推进共同富裕，充分彰显福建高质量发展的价值追求，更好地解决发展不平衡不充分问题，走出一条符合中国式现代化要求、具有福建特色的共同富裕发展路子，奋力创造高品质生活幸福地，打造文化繁荣新地标。

未来，我们凭什么？

生态更美，依然是我们的十足底气。

福建是习近平生态文明思想的重要孕育地和实践地，在绿色发展上具有独特优势。我们要坚决落实好"让绿水青山永远成为福建的骄傲"的殷殷嘱托，更高起点建设生态强省，加快发展方式绿色转型，发展绿色低碳产业和供应链，做强绿色制造业，发展绿色服务业，壮大绿色能源产业，拓宽绿水青山向

2023年，福建省4个项目获得中国人居环境范例奖。图为获奖项目厦门市山海健康步道（省住建厅/供）

金山银山转化路径，协同推进降碳、减污、扩绿、增长，扩大生态环境容量，巩固绿水青山优势，厚植金山银山潜力，真正把绿色潜能转化为发展动能，把生态优势转化为发展胜势，奋力开拓高水平国家生态文明试验区。

让我们满怀赤诚之心、爱戴之情、奋进之志，更加紧密地团结在以习近平同志为核心的党中央周围，以习近平新时代中国特色社会主义思想为指导，全面贯彻落实党的二十大和党的二十届二中、三中全会精神，深入学习贯彻习近平总书记在福建考察时的重要讲话精神，聚焦新福建建设宏伟蓝图和"四个更大"重要要求，持续深化拓展"深学争优、敢为争先、实干争效"行动，扭住目标不放松，一张蓝图绘到底，坚定信心、保持定力，马上就办、真抓实干，滴水穿石、久久为功，在中国式现代化建设中奋勇争先！

后 记

十年，有多久？是3653个日夜，87672个小时，526万多分钟，3亿多秒。白驹过隙，倏然而逝，但因承载着追梦的足迹和奋斗的印迹，每一秒都落地有声而成为永恒、水滴石穿而值得铭记。

十年，有多远？一滴水珠自崖壁滴落山泉，越过清幽的深涧，绕行蜿蜒的溪谷，加入奔流的江河，爬坡过坎汇进蔚蓝的大海；而当它因阳光照耀而化作甘霖，回到最初的地方，会发现那里已遍布盎然的绿意和葳蕤的春景。

这十年，是奋斗的十年，圆梦的十年，也是感恩的十年。一座座城市华丽蝶变，一种种产业茁壮成长，一个个家庭共同富裕，一道道美景常伴左右，更坚定了我们在和风暖阳下踔厉奋发、笃定前行的信念。

这十年，是改革的十年，复兴的十年，还是自信的十年。福者善建，建者有福，我们比历史上任何时期都更接近中华民族伟大复兴的目标，比历史上任何时期都更有信心、更有能力实现这个目标。

这十年，是福建的十年，中国的十年，更是世界的十年。面对世界百年未有之大变局，我们始终牢记嘱托，以自己的奋斗，为推动构建人类命运共同体源源不断地提出中国方案、贡献闽人智慧。

十年奋勇争先，一路不忘初心。我们以这样一本书，记录着"机制活、产业优、百姓富、生态美"的新福建的点点滴滴，记录着"闽山闽水物华新"的方方面面——

这本书所聚焦的新福建宏伟蓝图，归功于习近平总书记的擘画领航。2014年11月，习近平总书记亲自擘画"机制活、产业优、百姓富、生态美"新福建宏伟蓝图。2021年3月，习近平总书记来闽考察时，提出"四个更大"重要要求，为新发展阶段新福建建设赋予新使命；2024年10月，在新福建建设十周年的新起点上，习近平总书记到福建考察调研，再次为福建改革发展把脉定向、指路引航。新福建建设之所以取得丰硕成果，根本在于习近平总书记的掌舵领航，在于习近平新时代中国特色社会主义思想的科学指引，在于全省上下团结一心、奋勇拼搏。

这本书所铺展的新福建恢宏画卷，靠的是全体八闽儿女的接续奋斗。新福建建设十年来，全省上下牢记嘱托、感恩奋进，以高度的政治自觉、思想自觉、行动自觉，紧紧围绕"机制活、产业优、百姓富、生态美"的新福建宏伟蓝图，坚决打赢脱贫攻坚战，全面建成小康社会，全方位推动高质量发展，各项工作取得显著成效。福建在新时代改革发展中奋力书写蝶变华章，全省发展的动力活力更强、实体根基更稳、幸福成色更足、绿色底色更亮，成为新时代党和国家事业取得历史性成就、发生历史性变革的一个生动缩影。

这本书所反映的新福建瞩目成就，有各个部门的素材支撑。在编写本书的过程中，省委有关部门、省人大常委会办公厅、省政府有关部门、省政协办公厅，各地党委宣传部门高度重视，以最快时间整理提供权威素材；省委政研室、省委改革办、省委党校（福建行政学院）、省发展和改革委员会、省人民政府发展研究中心、省统计局、省习近平新时代中国特色社会主义思想研究中心等部门组织精干力量，对书稿进行了专业审读并提出宝贵的修改意见。

  这本书所呈现的新福建生动细节，离不开编撰团队的倾情抒写。福建省委宣传部部务会议高度重视本书编写工作，在张彦同志的指导下，在许守尧、王建南同志的组织协调下，省委讲师团会同有关部门抽调精干力量启动编撰工作，范五三、陈华安、伍长南、谭敏、郭莉、郑龙腾等同志分别负责具体章节撰写，郑第腾飞、陈海涛、郑龙腾、陈华安、郑元凯、范五三、黄毅等同志参与后期编审工作，陈铭、蔡雪雄同志负责全书统稿，吕宏波同志全程主持编写工作。

  在此，对协力帮助本次编撰的有关单位和个人致以崇高的敬意和真挚的感谢！我们期冀以这样一本书，进一步凝聚力量，更加紧密地团结在以习近平同志为核心的党中央周围，深入学习贯彻习近平总书记在福建考察时的重要讲话精神，扭住目标不放松，一张蓝图绘到底，坚定信心、保持定力，马上就办、真抓实干，滴水穿石、久久为功，在中国式现代化建设中奋勇争先！

图书在版编目（CIP）数据

向新而行：新福建的非凡十年 / 中共福建省委讲师团编. -- 福州：福建人民出版社，2024.12. -- ISBN 978-7-211-09704-3

Ⅰ. D675.7

中国国家版本馆CIP数据核字第2024COW597号

向新而行
XIANG XIN ER XING
——新福建的非凡十年

编　　者：中共福建省委讲师团	
策划编辑：刘进社	
责任编辑：陈　宽　何水儿　林诗鸿	
美术编辑：陈培亮	
责任校对：林乔楠　陈　璟	
出版发行：福建人民出版社	电　　话：0591-87604366（发行部）
网　　址：http://www.fjpph.com	电子邮箱：fjpph7211@126.com
地　　址：福州市东水路76号	邮　　编：350001
经　　销：福建新华发行（集团）有限责任公司	
印　　刷：雅昌文化（集团）有限公司	
地　　址：深圳市南山区深云路19号	
开　　本：787毫米×1092毫米　1/16	
印　　张：22.75	
字　　数：265千字	
版　　次：2024年12月第1版	
印　　次：2024年12月第1次印刷	
书　　号：ISBN 978-7-211-09704-3	
定　　价：158.00元	

本书如有印装质量问题，影响阅读，请直接向承印厂调换。
版权所有，翻印必究。